U0644876

星云大师
演讲集
06

宗教与体验

星云大师 著

生活·讀書·新知 三联书店

图书在版编目(CIP)数据

宗教与体验/星云大师著.—北京:生活·读书·新知三联书店，2015.4

(星云大师演讲集)

ISBN 978 - 7 - 108 - 05243 - 8

Ⅰ.①宗…　Ⅱ.①星…　Ⅲ.①佛教–通俗读物　Ⅳ.①B94 - 49

中国版本图书馆 CIP 数据核字(2015)第 017178 号

责任编辑　麻俊生

封面设计　储　平

责任印制　卢　岳　张雅丽

出版发行　生活·讀書·新知 三联书店

　　　　　（北京市东城区美术馆东街 22 号）

邮　　编　100010

印　　刷　北京市松源印刷有限公司

版　　次　2015 年 4 月北京第 1 版

　　　　　2015 年 4 月北京第 1 次印刷

开　　本　880 毫米×1230 毫米　1/32　印张　7.75

字　　数　166 千字

印　　数　0,001—8,000 册

定　　价　28.00 元

经济、心理、民俗、命运、神通、知见、因缘、轮回、死亡、涅槃等各种问题的看法。

三十年前，佛光山的弟子们将我历年来演讲的内容，陆续结集成书，并定名为《星云大师演讲集》丛书，二十多年来不知再版了多少次！许多读者将此套书视为认识佛教、研究佛学必读之书，也有不少出家、在家弟子，以此演讲集作为讲经说法的教材。

这套演讲集已缺书好一段时间，不时有人频频询问、催促再版。我重新翻阅，觉得此套演讲集讲说时隔近三十年，抚今追昔，虽然佛法真理不变，人心善美依然；环境变迁有之，人事递嬗有之。因此，决定将此书全新改版，去除与现今社会略微差异之处，重新校正、修订、增删，并依内容性质，分类为《佛光与教团》《佛教与生活》《佛法与义理》《人生与社会》《禅学与净土》《宗教与体验》《人间与实践》《佛教与青年》等册，总字数百余万字。为保存、珍重历史，同时又为方便后人参考、查询，我将演讲的时间、地点记于每篇文章之后。

我出家已超过一甲子，毕生竭力于人间佛教的弘扬与实践，主要是希望全世界各族群能相互尊重，人我能相互包容，社会彼此和谐进步。这套演讲集是为我初期弘法历程，以及一以贯之的人间佛教思想理念的鲜明见证。

出版在即，为文略说弘法因缘，并以心香一瓣祝祷人间佛教正法久住，所有众生皆能身心自在，共生吉祥。

星云　于佛光山法堂

目 录

佛教各宗派修持方法

我们应做到禅净融合、显密融合、大小融合、南北传融合、
甚至要将传统与现代融合，共同恪遵佛陀的慈心悲愿，
融合五乘十宗，修持三学而圆满佛道。

佛陀最初创教时，为了适应众生的根器，说了种种的法门，但当时并未有宗派的分别。后来，由于历代大德依个人研究的不同，而对佛陀一代的教化，作了各种不同、偏重性的探讨，加上个人的修持体验，对经典产生种种诠释，认为自己所阐扬的，最能代表佛陀的教义，衍变所及，乃渐渐形成各种宗派。

在佛教的宗派里，大乘的佛教，在中国产生了八个宗派。这八个宗派中，比较重视义理的宗派有天台宗、华严宗、法相宗及三论宗等，比较重视修行的宗派有禅宗、净土宗、律宗以及密宗等。以下说明各宗的特性、内容及修行方法。

各宗派的特性

佛法传入中国后所形成的八个宗派，各有各的特色，它们的特

点，可用四句话来形容：

> 密富禅贫方便净，唯识耐烦嘉祥空，
>
> 传统华严修身律，义理组织天台宗。

一、密富

"密富禅贫方便净"，是说明在八个宗派里，如果要学密宗，必须经济富有。因为密宗的坛场布置精致庄严，道具的打造材料非金即银，如果是铜质的铸造，则样式众多且需样样齐全，修持、作法需要很长的时间，对于上师更要有优厚的供养。所以，要如法学密，经济上必须富裕，时间上有相当空闲的人，才好修学。

二、禅贫

何谓"禅贫"？想学禅宗，没有钱不要紧，因为禅者的修行生活，无论山林水边，茅蓬之处，只要双腿一盘便可参禅。古代的禅宗祖师大德，有的常年居住山林，吃的是野菜杂果，穿的是粗布麻衣，虽然生活清贫淡泊，但禅定之乐却是无穷的。

三、方便净

"方便净"，意思是修行净土宗的念佛法门，不分行业、身份，随时随地都可修持，是最方便的修行法门。

四、唯识耐烦

"唯识耐烦"，意指学法相唯识的人必须耐烦，因为法相唯识里面的名相烦琐，义理层次复杂；如果不耐烦，则无法将其头绪弄清楚，如堕五里雾中，所以学唯识必须像学数学一样，要耐得住烦，才能学得通，故名"唯识耐烦"。

五、嘉祥空

"嘉祥空"的嘉祥，是三论宗的嘉祥吉藏大师，由于他是三论宗的集大成者，故三论宗又名嘉祥宗。嘉祥宗所依据的经论为《百论》《十二门论》以及《中论》等三论，而这三论的内容是阐明缘起性空的般若智慧，所以称它"嘉祥空"。

六、传统华严

"传统华严"，中国号称是大乘佛教的国家，而中国佛教的大乘思想，就是以华严为中心。近代的佛教领袖——太虚大师，虽主张八宗兼弘，却是以华严思想作为他信仰的根据。《华严经》起源于印度，传入中国后，经过祖师大德智慧的融合，将华严的法界缘起思想，提出种种的观法，寓哲理于实践之中。由于历代大德对华严思想所作的创新与发明，使得华严哲学在中国佛教史上开出了奇葩，成为中国佛教的传统信仰，因此说"传统华严"。

七、修身律

"修身律"，佛教的律宗，最讲究修身做人。因为人格完成了才能成佛；把人做好，修身完成，才能进一步开发内心的光明智慧，而证悟最高的真理，所以称为"修身律"。

八、义理组织天台宗

"义理组织天台宗",各宗派中,对佛学义理能建立严密组织,有系统地加以阐发者,当推天台法华为第一。天台智者大师,将佛陀一代圣教,分为五时,并按其所摄受的对象,分为顿、渐、秘密、不定等化仪四教,以及藏、通、别、圆等化法四教;以科学方式,将三藏十二部经典,分门别类地归纳于不同根性的众生,并将修行的方式与证果的等次,一一加以分析比较。所以在义理组织方面,天台宗是最严密、最有系统的。

以上概略的介绍八大宗派的各个特点。除此之外,此八宗有一个共同特点,便是同时兴盛于隋唐盛世,并且展现了中国文化史上光辉灿烂的一页,和隋唐的治世昌隆相得益彰,堪称中国佛教史上的黄金时代。

佛教八宗在台湾的情形

以下介绍大乘佛教的八宗,在今日台湾的弘扬情形。

一、密宗

台湾有人修学藏密,有人修学东密。修学藏密者,是修学西藏的喇嘛教;修学东密者,则是修学日本高野山派的密宗。在日本统治台湾期间,日本佛教便已传入台湾。日本的密教则分为两大主流:一为天台宗之台密,一为高野山之东密。

二、禅宗

禅宗在大陆非常普遍，当时的丛林大寺，都是禅宗的道场，但是后来许多道场丛林都成为仓库、办公场所，或者博物馆。禅宗在中国佛教史上，占有相当重要的地位，但在台湾少有具规模的禅寺丛林，有的寺院虽然自称为某某禅寺，实际上修学内容和禅宗却不相干。目前台湾佛教的各宗派，其法统几乎都是从禅宗演变而来，由此可见禅宗对近代佛教的影响。

三、净土宗

统领今日台湾佛教的是净土宗，不管是禅寺、律寺，普遍都以念佛法门来引导信徒修持。以念佛法门为中心的念佛会、莲社、居士林等，也相继成立，这种现象虽然很好，但我们希望佛教是多彩多姿的，各宗各派都能同时发挥其精辟的思想，重新呈现出隋唐盛世八宗并弘的盛况。

四、唯识宗

在台湾，研究唯识的人很少。太虚大师虽然主张八宗兼弘，但是他将佛学义理发挥得最为透彻、贡献最大的，当属法相唯识。民国初年，僧侣有太虚大师，在家居士则有欧阳竟无、杨仁山等大德的推弘，他们对于法相唯识的研究，皆有不可磨灭的贡献。民国十几年时，还曾办过法相大学，培育出不少的人才，后来分别担任各大学的唯识学课程教授。

五、三论宗

嘉祥三论宗的学者，目前最有名的是印顺论师。他对中观缘起的性空思想，有其独特的见解，他肯定缘起性空是佛陀最初开证的法门，也就是佛陀在《阿含经》里所开示的根本教义。因为性空唯名的义理高深，所以目前对三论研究有心得，并且能加以推扬的大德并不多。

六、华严宗

台湾的寺院里，讽诵《华严经》的很多，但是如唐朝清凉大师一样，能把华严深奥的教理，有组织系统地加以诠释、推演者，则待后起之人发心发扬。

七、律宗

台湾每年举办传戒法会，基本上维持了佛教的法幢，但是对于戒律的内容，真正去了解研究的人，为数甚少。律宗不只是形式上的持戒，其修行方法、精神内涵，和净化生命的意义，皆必须进一步地阐扬。

八、天台宗

已圆寂的斌宗法师，曾居住在新竹，也去过中国大陆，在观宗学社专攻义理组织严密的天台，颇有成就。其门人弟子慧岳法师，继承他的志愿，致力弘扬天台学。

各宗各派的修持方法

华严最初三七日，阿含十二方等八，

二十二年般若谈，法华涅槃共八载。

对于如来的一代时教，可以上面这首偈颂来说明其先后。当初佛陀在菩提树下金刚座上，夜睹明星而成正觉之后，首先宣说的圣教，就是华严；所谓"华严最初三七日"，指最初的 21 天，佛陀开讲《华严经》。"阿含十二方等八"，指《阿含经》的教义，讲了 12 年；《方等经》讲了 8 年。什么叫《方等经》？不属于华严、法华、般若、涅槃的大乘经典，如大家所熟悉的《阿弥陀经》《药师经》《维摩经》等都是方等经。

"二十二年般若谈"，指花了 22 年的时间讲《般若经》。"法华涅槃共八载"，就是《法华经》与《涅槃经》，一共讲了 8 年。根据史传记载：佛陀说法 49 年，谈经 300 余会。把这一首偈的时间加起来，刚好 49 年。其次，阐述各宗派的修持法门。

一、华严宗的修持方法

（一）《华严经》的来源

谈到华严宗的修持方法，首先须了解《华严经》。在浩瀚的经典中，《华严经》被称为经中之王，佛陀曾在 7 个地方，经过 9 次聚会，才把《华严经》讲完。据说佛陀宣讲华严时，没有人能了解其中的奥义，因此，传说这部经后来被藏在龙宫里，搁置了 600 年之后，才被龙树菩萨发现。龙树菩萨以他的聪明把下卷背诵下来，但是前面的上卷、中卷，还没看到便为龙宫的人发现，而将他赶出龙宫。他出了龙宫之后，凭着记忆写下经文，此即龙宫所传的《华严经》。

《华严经》在中国有三种梵文译本。东晋的佛陀跋陀罗三藏翻译的《华严经》有 60 卷，称《六十华严》或晋译本。唐朝的实叉难陀三藏翻译的《华严经》有 80 卷，称为《八十华严》或唐译本。另外，唐朝的般若三藏翻译了《华严经》的《入法界品》，有 40 卷，称为《四十华严》。不论是《六十华严》《八十华严》，内容、义理都差不多，而《四十华严》乃《华严经》中最重要的一品——《入法界品》的单行译本。

（二）《华严经》的三时判教

华严宗的三祖法藏贤首国师，把佛陀所说的一代时教，用太阳照物的譬喻，分成了"三时"：第 时：为日出初照时，譬如太阳刚刚上升，先照高山，比喻如来最初证悟，先以无碍智慧光明，照诸大菩萨，所说的经典是《华严经》与《梵网经》。

第二时：为日升转照时，因为光线照射的角度不同，所照的地层面也不同，所以第二时又分有初、中、后三转，接引不同根性的众生。

"初转"，是接引凡夫外道，使他们转凡成圣，如太阳出来，透过高山，射及幽谷之处，以此比喻凡夫外道；佛陀对他们所说的教义是三皈五戒、四圣谛、十二因缘，也就是阿含等经典。其次是"中转"，为了接引小乘进入大乘，及摄化大乘根性的菩萨，阳光透过幽谷，然后普及高原，比喻众生心量已较宽广，可学菩萨道了；此时佛陀为他们说《解深密经》《圆觉经》《维摩经》《大宝积经》《楞伽经》

等。太阳一直上升，到了日正当中，普照大地平原，如同佛光正照利根菩萨，佛陀为他们开示般若性空的经典，例如《金刚经》《大品般若经》等，此为"后转"。

第三时：是日没还照时，这是转摄末归本的法轮。无限美好的夕阳，即将下落，却又还照高山，表示佛陀将入涅槃，开示圆满的妙法，所谓人人皆有佛性，人人皆可成佛；唯有一乘法，无二亦无三，此时说的就是《法华经》与《涅槃经》。以上三时判教的方式，是华严贤首国师的说法，但是天台宗的人不以为然，他们认为智者大师的五时判教，才是最合理圆满的。

（三）圆融无碍的一真法界

《华严经》是佛陀教法中，最高深最究竟的法门，佛陀在海印三昧中演说《华严经》，除了利根的大菩萨，鬼神、天龙八部等，皆无法了解其中奥妙的道理，即使二乘根器的阿罗汉，也不能领会佛陀的说法。

在佛教各种经典中，言真空者，如般若中观；说妙有者，如唯识法相；提倡顿悟者，如禅门南宗；主张渐修者，如禅门北渐。无论空、有或是顿、渐，华严将这些思想统摄，并建立了诸教圆融的一乘圆教。

华严的世界叫"华藏世界"，也就是万有诸法由心所现的"一真法界"。此一真法界，是真妄泯灭，生佛不分的真理世界；是超越一切对待，本体即现象，现象即本体，绝对平等的世界。如果我们能够认识一真法界，扩大生命的领域，则能证悟到生命的永恒不灭。人们最惧怕的是死亡，最厌恶的是贫贱，如果我们能契入一真法界，则能脱离贫贱、富贵、有无、生死、多少、高低等对待世界的束缚，而得到心灵上的绝对自由。以下简单说明一真法界的内容：

1. 一个不算少，万亿不算多

在我们的常识里，一元钱很少，万亿元钱财才算多，这是我们认识上的差别。在一真法界里，一个不算少，万亿也不算多。一般人认为一元钱少，是因为没有认识到一元钱的价值。这个"一"，不是计数东西时最小单位的一，"一"是个无穷大的数字。例如：万法归一，纷纭变幻的万有，其本源却是"一"。一粒沙子、一点粉笔灰、一个银河系，乃至一个宇宙虚空，都含藏于"一"之中；而万亿虽多，万亿之上另有万亿，永远有一界限。我们要培养从一粒沙子去透视无量三千大千世界的见识；这个"一"的含义很深广，必须深入体会"一"的无限性。

2. 微尘不算小、虚空不算大

在我们的观念里，微尘很小，虚空很大。其实，这种大和小的概念，也是错误的见解，在真实的世界里，大小是一样的。

所谓"须弥藏芥子，芥子纳须弥"，大与小能够互相容纳，正是华严微细兼容的道理。俗话说："宰相肚里能撑船。"宰相的肚子真的那么大吗？怎么能撑船呢？如同佛陀的肚量包容天地，尽虚空都可以在我们的心胸之中，关键只在我们能不能扩大心里的世界。

3. 刹那不算短、劫波不算长

刹那，是佛教用来计算极短时间的单位，"刹那"究竟有多短？"少壮一弹指，六十三刹"，意思是说年轻有力气的人，轻轻弹一下手指的瞬间，就具有 63 刹那。如果用秒来计算，1 秒钟至少有好几百个刹那。劫波，简称"劫"，是计算长时间的单位，是无量数时间的代表，例如三大阿僧祇劫。

依一般的想法，刹那很短，劫波很长，其实劫波也不算长。譬如有些动物，朝生夕死，它也过了一生；有些动物，一活几百年，龟也好、鹤也好，它还是过了一生。一期的生命，不外是我们行为所留下来的记录，由于记录的长短，在时间上乃有长短之别，但是在真实的生命里是没有长短的。譬如人虽有生死，但身体死了，生命却不会损减，好比房子烧毁了、倒塌了，可以搬家；身体坏了，生命也要更新。《华严经》说一个人的生命是无限的、永恒的、亘古不灭的。

梦，也能把很短的时间拉得很长，对禅定的人而言，漫长的时间如白驹过隙一般短暂；在牢狱中服刑的人，一天如同一世纪那么长久。恩爱的人，一旦分离之后，所谓一日不见如隔三秋；冤家对头在一起，则度日如年。所以，时间的长短并非绝对，而是我们爱憎情绪上的分别。

在华严的一真法界里，有并非真有，无也并非真无；污秽的不是污秽，清净的也不是清净；退步的不是落伍，向前的也不是前进。在一真法界里，有无也好，净秽也好，前后也好，大小也好，长短也好，都是虚假不实的。超越时间空间的一真法界，一念百千劫，百千劫于一念间，一粒微尘就是十方国土，十方国土也是一粒微尘，《华严经》的一真法界，是个"一即一切，一切即一"圆融无碍的法界。

（四）华严宗的祖师

中国的杜顺和尚，是华严宗的初祖，生于南朝陈武帝永定元年（公元 557 年），陕西省万年县人。18 岁出家，专宗华严，其著作《法界观门》，将华严高深的理论，融贯为禅定的观门，而创出"真空绝相、理事无碍、周遍含容"的法界三观，是一位融理论实践为一体的大德。他一生之中，神异事迹很多，有瞎子聋子拜见了他以后，就能见能听。有一次他涉水过河，河水忽然断流，等他上了岸后，才又水流如故。唐贞观十四年（公元 640 年）圆寂于义善寺。其一生宣扬华严教纲，彰显正理，深为朝野所敬重，唐太宗尊称他为帝心尊者。

华严二祖智俨大师，甘肃省天水人。孩童时代喜欢堆石成塔，串花成盖，自己当法师，时常叫一起玩耍的同伴当听众，为他们说法。他出家以后，深探华严藏海，27 岁时，便写作了《华严经疏》五卷，也就是有名的《华严搜玄记》，其著作共 20 余种。他除了以著述弘法，以教育徒众为职志外，一生不求名闻，风范清高。于唐高宗总章元年预知时至，对门人说："吾此幻躯纵缘无性，今当暂往净方，后游莲华藏世界，汝等随我，亦同此志。"十月二十九日晚上圆寂于清禅寺，享年 67 岁。

华严宗的第三代祖师贤首法藏大师。法藏是他的名字，贤首是皇帝封赐给他的名号。法藏 16 岁时，曾经在陕西法门寺阿育王舍利塔前，燃指供佛，表示对佛教奉献的虔诚。后来听了智俨大师讲《华严经》，而归投在他的门下。法藏大师曾经协助实叉难陀三藏翻译 80 卷的《华严经》，并协助菩提流志三藏翻译《大宝积经》。一生中，弘讲《华严经》30 多遍。在著作方面，有《华严探玄记》《梵网经疏》《楞伽经疏》等三四十种之多。他摄取杜顺大师的法界观门、五教止观等实践法门，并以《华严经》为骨干，融合智俨大师的《搜玄记》，完成了华严教理的组织系统。所以说，华严宗到了法藏大师时，才完成自家教观双门圆满的架构，华严宗也由于他的弘扬而集大成，因此华严宗又称为贤首宗。

华严宗的第四代祖师清凉澄观大师，做过七位皇帝的老师，曾至宫中对皇族说法，皇帝听了大悦，说："听大师讲《华严经》，心里很清凉。"因此受封为"清凉"。他一生当中，有许多异于常人的事迹，最主要的一件事是他完成了《华严经》的批注之后，特地举行一个"华严经批注落成法会"，而这个《华严疏钞》落成典礼的法会，竟有一千多位高僧大德参与盛会。此外，他对戒律严持不犯，三衣一钵从未离身。一生不重金钱与权力，虽受朝野优厚礼遇，毫无欣喜之色。出家之后，一生未曾躺下来睡觉，夜夜盘腿打坐，每天必诵《华严经》，每日下午必施食给饿鬼孤魂。澄观大师刻苦自励并致力华严宗的发扬光大，为中国佛教文化开出了灿烂的花朵。

华严宗第五祖宗密圭峰禅师，唐朝果州西充人。跟随澄观大师学华严，大师曾赞叹他："能够追随我遨游于毗卢华藏世界的人，只有你一人了。"被赞为不可多得之英才，继承清凉大师宗弘华严。其间，又随荷泽宗的禅师学禅，提倡教禅一致，影响后代甚巨。毕生最大的贡献是对《圆觉经》的精辟注释，他以《华严经》为根据，对《圆觉经》作详尽的批注，著有《圆觉经大疏》《圆觉经大疏释义钞》等书，为历来批注《圆觉经》的泰斗。

华严宗经过五位杰出大师的推弘，完成了华严宗精深的思想体系，和天台宗同为中国佛教思想史上光辉灿烂的二大圭璧。

（五）华严宗的修持方法

华严宗的修持方法很多，以下归纳成四点来说明：

1. 发四弘誓愿："四弘誓愿"是"众生无边誓愿度，烦恼无尽誓愿断，法门无量誓愿学，佛道无上誓愿成。"在寺院里，出家人每日早晚课诵，一定要讽诵这个发愿文。除了唱诵，更需真正地付诸实践。不发四弘誓愿，不能与华严的一真法界相应，也就不能证悟圆满菩提的大果。学习佛法重要的是发菩提心、行菩萨道，也就是发四弘誓愿。

2. 修学普贤十大愿：这也是佛门中经常课诵的，即"一者礼敬诸佛，二者称赞如来，三者广修供养，四者忏悔业障，五者随喜功德，六者请佛住世，七者请转法轮，八者恒顺众生，九者常随佛学，十者普皆回向。"这十件事是大菩萨发精进勇猛心，长期不断地修行，直到众生度尽，自己才能休息的大愿。此十大愿具有深远的意义，启示我们要燃烧生命无限的热情，完成自己，奉献大众。

3. 修学禅定坐法：华严也有华严禅定，华严禅定的坐法，和禅宗的打坐方法相似。只在调身、调息之后，可观想诸佛相好，观想华严智慧，静坐到心静如水，不起波浪。心上的意念思维，尽量不要让它妄动，甚至不要思维，不要回忆，不去推理，不去盘算，进入到平等的一真法界。此时心胸清净明朗，像一面清净的镜子，如一潭平静的湖水。一面镜子，如果清净，什么东西都可以看得很清楚；一面湖水，如果波浪迭起，则无法照映出东西。我们对人生的幻想、妄念太多，也无法认识事物的真正面目。

4. 睡眠的修行方法：对于睡眠，华严宗也告诉我们一些不做梦而容易入睡的方法：

第一，睡觉之前用温水洗脚，促进血液循环，比较容易睡得着。

第二，睡觉右胁而卧，佛教称此为吉祥卧，仰卧或俯卧，会增加身体的动荡烦躁而不容易入睡。右胁而卧的姿势，刚开始会觉不自在，但习惯就好，不让身体乱动，很快就能入睡了。

第三，躺妥之后，闭上眼睛观想光明，观想远远的地方有光明，观想眼前若有若无的光明，能在观想光明之中入睡，一定会睡得很轻松，很甜蜜，不太会做梦，甚至人虽入睡，旁边的人讲什么话，做什么事，都能了然于心。

第四，盖的被子不能太薄，也不能太厚；太薄容易着凉，太厚则呼吸不顺畅。

我们为了走更远的路，中途要休息，为了做更多的事，晚间要睡眠，但是不能过分贪睡，过分的睡眠，也会伤身挫志。以上是睡好觉的一些方法。

（六）修学华严宗的利益

修学华严宗，或受持《华严经》，能得到诸多利益，所谓"心、佛、众生三无差别"。修学华严之后，每天的生活，仿佛涵泳在一切智海里，畅游于一切时空中，让人感到生命之无始无终，无去无来，无生无死，而体会生命的永恒。有关修学华严宗或受持《华严经》，得到灵异事迹的记载很多，以下举出几个例子：

第一，元朝正顺法师，出家于五台山，平时以深密的树林为茅蓬，以读诵《华严经》为修行的日课，读诵超过一千余部。他同时修学法界三观，每次进入华严法界的观想中，必经三五天才出定，因此被称为华严菩萨。他将圆寂时，门徒乞求开示法语，他说："历劫本无去住，应用何思何虑，转身踏破虚空，一切是非莫顾。"入灭时，灵桌上出现五彩龙，飞游于烛光庭宇之间。

第二，唐朝有位城慧比丘，在五台山真容院跟随法顺和尚出家，经常在李牛谷的地方诵《华严经》，平日只吃嫩草树叶。当他诵经时，常有五六位身着儒服，不知姓氏、来历的人围坐而来听经。其中几位送奇花异果供养他，花经久不谢，果子吃了肚子不饿。他觉得很奇怪，问他们是谁，众人回答说："我们都是山神，因为你的诵经法力，使本山清净平安，特来供养服侍。"城慧比丘感到这些山神打扰了他的清修，于是迁移到别处去。

第三，后魏文明元年，有位王明干，平时作恶多端，死后堕于地狱，被狱卒牵至门口，看见一位自称是地藏菩萨的出家人，教他持念《华严经》的一首偈子："若人欲了知，三世一切佛，应观法界性，一切唯心造。"当他见到阎罗王时，阎罗王问他："你有什么功德？"他说："只能诵一四句偈。"于是大声念诵刚才地藏菩萨教他的那首偈语。阎罗王听了，就放他回去，同时地狱里受苦的人，也因听到四句偈而得到解脱。

《华严经》的内容浩瀚深广，有关受持《华严经》而得大功德利益者，在历史上的记载可说是不胜枚举，以上仅掬一瓢法海，让读者略尝法味。

二、密宗的修持方法

（一）密宗概说

一般人总以为密宗是非常神秘的宗派，并将它和显教对立。其实，佛教没有秘密，一切都是公开的。密宗因专持真言密咒，而真言密咒是诸佛菩萨自内证的密语，恐未具正知正见者妄修入邪，或加以诽谤，所以密而不可对未受灌顶者说，因此本宗称为"密宗"。

（二）显密二教修持的融贯

在中国广大的区域里，最盛行密教的是西藏。中国佛教的僧团，出家僧众修身则持律，课诵则是诵经、念佛、持咒，可说是显密双修。不过，显教的佛弟子，修持密咒只是附带的，并无专修。许多经典也都把经和咒合并在一起，如《般若心经》最后也有一段咒语"揭谛、揭谛、波罗揭谛、波罗僧揭谛"，而《药师经》《法华经》也在经文里附有咒文。这些都是将显教经文和密教咒语合并在一起的例证。

（三）咒语的意义及其功用

密宗主要的修行，就是持咒。咒语又名"陀罗尼"，译成白话叫"真言"或"总持"，即一句咒语包含了一切，也就是总持一切的意义。如同我们念阿弥陀佛，是念"佛"的名字，这句阿弥陀佛和咒语一样，有包含一切的意思。例如：

在密宗所传授的咒语当中，最普遍的是六字真言，又叫作六字大明咒——"唵嘛呢叭咪吽"。此咒是佛的真言，功用很大，可以消灾延寿，驱邪避难，所求皆能如意。

根据《大乘庄严宝王经》所说，持诵此真言，具有不可思议的功德，能除一切灾祸疾病，命终之后，当得极乐上品之生，余诸所求，皆能如愿。佛经上说：

> 佛告善男子，此六字大明陀罗尼，是观自在菩萨摩诃
> 萨微妙本心，若有知是微妙本心，即知解脱。

> 善哉！善哉！善男子！汝能得是如意摩尼之宝（六字

大明咒），汝七代种族皆当得其解脱。善男子，彼持名（六字大明咒）人，于其腹中所有诸虫，当得不退转菩萨之位。

若复有人以此六字大明陀罗尼，身中项上戴持者，善男子，若有得见是戴持之人……则如见于如来，又如见于具一俱胝智慧者。

若有善男子、善女人，而能依法念此六字大明陀罗尼，是人而得无尽辩才，得清净智聚，得大慈悲，如是之人，日日得具六波罗蜜多圆满功德，是人得天转轮灌顶，是人于其口中所出之气，触他人身，所触之人发起慈心，离诸瞋毒，当得不退转菩萨，速疾证得阿耨多罗三藐三菩提。若此戴持之人，以手触于余人之身，蒙所触者，是人速得菩萨之位。

若是戴持之人，见其男子、女人、童男、童女，乃至异类，诸有情身，如是得所见者，悉皆速得菩萨之位。如是之人，而永不受生老病死苦，爱别离苦，而得不可思议相应念诵。

念诵六字真言，不但自己能消除罪业，具足一切功德菩提，得到解脱，并且能庇荫亲族，乃至一切众生，使他们也能脱离痛苦，得到安乐。这个六字真言的殊胜奥妙，由以上列举之经文，可略见一斑。持诵咒文时，要抱持坚定的信仰，不可怀疑，只要一心一意地诵念下去，自然有功用。

另外，持念密咒还有以下功德：（1）能生长智慧；（2）能提升正念；（3）能消除灾患；（4）能聚集善法；（5）能遮止众恶。当然，念咒最重要的是三密相应：第一，手要结印，是为身密；第二，口要诵咒，是为口密；第三，意要观想种子字，是为意密。三密相应，就是口中诵咒语，同时结着手印，意念则观想种子字，身口意三业，同时运作。若能三密相应持诵咒文，则功德更大。

如果自己不会持咒，只是听别人诵念也是很好，因为这已结下了一个佛种的因缘，将来仍可获得人天福报。当然，最好是听闻之后能相信、修行、受持而不忘失。如果能将咒文持好，并融化于生活之中，一定能身心愉快，智慧增长。

（四）念咒的五种方法

念咒有五种念诵方法：

第一是莲花念诵，念诵时要耳熟能详，琅琅上口。

第二是金刚念诵，就是把嘴闭起来，不出声音，在心中默念。虽然默念无声，但是要字句分明，了然于心。

第三是三摩地念诵，其方法是保持口与舌头不动，心安定下来，安住在禅定之中，然后观想真言的文字。

第四是深深念诵。先观想眼前有一朵莲花，莲花上面有一个白螺的贝壳，从贝壳里发出梵音，然后跟随这声音来念咒。

第五是光明念诵，口中念诵"唵嘛呢叭咪吽"，观想口中长出一道光明，此光明和我们虔诚膜拜的本尊佛，也就是大日如来合为一体，意思即自己的本性与本尊佛的法身同体无二。

以上是密宗持咒的意义和方法。

（五）如何进入密教之门

在显教里，要成为正式的佛教徒，必须皈依三宝。皈依了三宝，表示我信仰了佛教，愿意以佛法为人生的指南，佛教称此为"三皈依"。

显教讲三皈依，密教则必须六皈依。除了皈依显教的佛法僧三宝，密教还必须皈依上师、本尊、护法。在印顺法师的《成佛之道》一书中记载，太虚大师座下的弟子大勇法师，想到西藏学密法，依照密教的规矩，礼请了一位护法神来护持他。不料却请来一个狐狸精，狐狸精破口大骂大勇法师："你不可以到西藏学密法，如果你坚持要去，我就扰乱你的修行。"使大勇法师进退为难，不知如何是好。有时候请护法神来护持道场固然不错，但是神和鬼一样，有喜怒哀乐的情绪，如果不能顺其心意，反而惹麻烦上身。

由于密宗的仪规非常复杂，诸如灌顶、结手印等，都不容易学习。如果想专修密宗，除了六皈依之外，必须跟随具正知正见的上师，才能如法学习。平常我们可以修持显教法门，诵念密宗咒语，而收显密兼修之效。

三、律宗的修持方法

（一）戒律的意义

律，指佛教的戒律。佛经里一再强调："戒住则法住。"戒律是维系佛教于不堕的纲常，是我们迈向佛道的准则。人生道路即使像高速公路那么平坦，如果不遵守交通规则，随时有发生车祸的危险；人生旅程上，如果不持戒律，也随时有丧失生命之虞。

戒如明灯，有了灯火的照明，可以看清环境，不致跌倒；戒律好像城墙，敌人来袭时，可以保护我们的生命财产；戒律如老师，告诉我们人生的方向。戒律能抵挡私欲的强敌，守护我们的慧命。佛陀即将涅槃时，弟子们围绕着他，问了几个问题，其中有人问道："佛陀，您在的时候，我们以您为老师。您涅槃了，我们以谁做老师呢？"佛陀回答："以戒为师。"戒律的老师，随时随地指点我们的迷津，使我们知道何去何从。

（二）律宗典籍

讲戒的经典很多，最有名的是四律五论。四律指《十诵律》《四分律》《五分律》《摩诃僧祇律》；五论是《明了论》《萨婆多论》《善见论》《摩得勒伽论》《毗尼母论》。在中国最盛行的是《四分律》，有法砺的相部宗、道宣的南山宗、怀素的东塔宗等三派，其中以道宣律师的影响力最大。

戒有五戒、十戒、八关斋戒、二百五十戒、三百四十八戒，乃至无量无数的戒。受戒好比学生要遵从校规，人民要恪守法律，我们则要依循人生的准则——戒律的指示，才不致身心放逸。学校的校规、国家的法律，是外在的约束，属于他律；而佛教的戒律，是我们发诸内心的自我要求，属于自律，两者迥然不同。

戒，依据它的精神，分为戒法、戒体、戒行、戒相四科。戒法，是佛陀制定的法规，是圣道的根本，能生长禅定、智慧；严持戒法，可免于沉溺生死大海之苦。戒体是受持戒法之后，得戒法之精神融贯于内心，产生防非止恶的功德；戒体即戒律的根本精神。戒行是将戒体如法地表现于身口意三业。戒相即所遵守的各种不同的戒行，如前面所提的根本五戒、八关斋戒、比丘比丘尼具足大戒等等。如果缺乏戒体为内涵，那么佛教的戒律，易流为形式化的戒条；如果戒律的精神，不实践于行为，如同虚设，对生活产生不了作用。因此戒虽分为四科，其精神是一体的。我们受持戒律，应将这四者充分发挥，蕴戒体于内心，将戒行形之于外，才能庄严身心，受人爱敬。

（三）出家众的戒律

在佛教里，出家的女子，称为比丘尼，应守的戒律有 300 多条；出家的男子，称比丘，应守的戒律有 250 条戒。7 岁以上，未满 20 岁出家的男孩、女孩，称为沙弥、沙弥尼，必须守 10 条戒律。兹将比丘 250 条戒法的纲目简单条列如下：

1. 波罗夷戒：出家人有 4 条根本大戒，是绝不能犯的，犯了这四戒，叫做犯四波罗夷戒。何谓波罗夷？波罗夷是开除不共住的弃罪，犯了波罗夷罪，从此佛教不要他，无法再生活于僧团之中。此四条根本大戒就是杀、盗、淫、妄。杀是以瞋恨心杀害众生；盗是不经别人同意而盗取他物；淫是以贪婪心行奸淫的事；妄是以不实在的话，欺诳别人，例如自己并没有得到神通，却说有神通；没有证到罗汉果，却说已经证果了。这就是大妄语。

2. 僧残戒：僧残戒有 13 条戒，就是犯了很严重的罪，要赶快加以补救的意思。出家人犯了这方面的戒，等于残废一样，是次于波罗夷的重戒。譬如不明真实情况，随便诬赖别人、诽谤别人；讲话不负责任，兴风作浪，挑拨离间别人的感情等，都是犯了僧残罪。

不过，犯了僧残戒，如果能忏悔，接受僧团的救护，仍不丧失比丘、比丘尼的资格。

3. 不定戒：不定，有 2 条。所谓不定，指这个罪还没有确定，尚在怀疑判断之中。譬如某某出家人和某一个女人，共处于幽室之中，或同在偏僻的地方。两人之间究竟有没有犯戒，不得而知，这就犯了不定戒。遇到这种情况，当事人应赶快自我表白说明；如果不老实自说，除了不能洗清罪名，别人怀疑你犯到某种程度，就得接受那种罪法的处理。

4. 舍堕戒：舍堕，就是波逸提，有30条。例如把多余的钵或衣服收藏起来，不肯转送给别人，超过十日以上不用，就犯了这个戒。为什么叫舍堕呢？犯了这种戒的人，他必须赶快舍离所有犯戒的赃物，不仅要把所得物舍掉，更要舍除贪心，因此称为舍堕戒。

另外有一种叫单堕，一共有90条，和舍堕一样，也是波逸提戒的一种。舍堕是必须舍去犯戒的财物，而单堕则只要向他人忏悔，即可以得到清净。30条的舍堕戒，是舍去财物、舍相续贪心、舍罪的意思；而90条的单堕只有舍贪心、舍罪。犯了舍堕罪或单堕罪，如果不能至诚忏悔，都会堕入地狱受苦，因此同称为"堕"。

90条的单堕戒，条目烦琐，无法一一加以说明，在此仅介绍其中一二条。单堕戒前三条分别为妄语戒、骂戒、两舌戒。俗话说："斧在口中，祸从口出。"在十戒中，对于口业就提出了四条，可见我们平时不经意中，由口所闯下的祸端有多少，因此佛教对口业也特别注重。

所谓妄语戒，是指不明究实、胡造谣言，强不知以为知；甚至知而不言，当说而不说，也犯了妄语戒。有些人明哲保身，不管天下大乱，反正对与不对、好与不好，与我不相干，这种"各人自扫门前雪，莫管他人瓦上霜"的态度，在僧团里是不合法的。佛教的积极参与精神，于此可见一斑。

5. 波罗提舍尼戒：波罗提舍尼戒一共有4条。提舍尼的意思是向彼忏悔，犯了过错，只要向一人忏悔就可以了。佛陀在世的时候，有的信徒很虔诚，知道城外有比丘可以供养，就备办饮食，亲自带到城外精舍去供养僧侣。但是由于精舍坐落郊外，人烟稀少。当信徒带着厚重的财物经过旷野时，有时候会遭遇到坏人抢劫。佛陀于是制戒，比丘应该自己入城去托钵乞食，不自己入城托钵乞食即犯了此戒，必须向一人道歉忏悔。这种不入城托钵，懈怠坐待施主送食物来供养，即属波罗提舍尼戒的一种。

6. 突吉罗戒：有关威仪方面的戒，属于突吉罗戒。从身业与口业来说，称为恶作或恶说，在戒本里把它归类于众学法。众学戒有100条，是轻微的戒法。比如坐在椅子上，跷起二郎腿，失去威仪，即犯了突吉罗戒。不过这是小小的戒，并不严重，所以叫众学，意思即应当在大众之中再努力学习。

如果服装不整，或把衣服倒过来穿，像公子哥儿油腔滑调的样子；或穿着拖鞋进入殿堂，这都不合乎威仪，犯了众学法的戒。众学法相当于今日的生活须知，是我们日常生活的规范。

7. 灭争法：灭争法，有7条戒。所谓灭争法即大家意见不合，争执起来时，要面对面坦诚布公地互相表白说明，解除彼此之间的误解。一旦化除争执，事后则不可再有议论，不可背后再搬弄是非。

一般会引起争论是因彼此对法相的看法不同，抱持自是彼非的态度，在讨论之中起了争执。有时候某一人所犯的过错，到底是属于哪一类戒法，由于罪相不容易分别判断而引起的争论，这种情形就需要灭争法来消弭彼此的争议。

（四）佛陀制戒的因缘

佛陀为了达到十种利益，才制定戒律。所谓十种利益是：

1. 为了使僧团大众和合相处。

2. 借和合清净的僧团风范来摄受僧众。

3. 以法来调伏个性较顽劣的众生。

4. 使僧侣知道过错忏悔以后，内心得到清净快乐。

5. 使僧众言行有所规范而断除现在烦恼。

6. 使僧侣断除现在烦恼，进而产生定力，断除未来世的烦恼。

7. 使信众生起信心。

8. 使已生信心的弟子，更加坚定。

9. 使正法得以久住，佛法长存。

10. 使未来戒法常在，修行梵行者能安心住于佛法之中。

以上十益是佛陀制定戒律的真正目的。每一条戒律的制定，本来都是佛陀为了随顺当时的情况，依照当时的风俗民情、因地制宜善巧制定的。弟子每做了不如法的事，佛陀就告诫说："下次不可这样啦！应该制定这样的戒，以后不可再犯。"当时佛陀为了纠正弟子的行为，所制定的规矩，就成了现在的戒律。

（五）在家信众的戒律

在家戒有五戒、八戒、菩萨戒等。五戒是不杀生、不偷盗、不邪淫、不妄语、不饮酒，相当于中国儒家仁、义、礼、智、信等五常。不杀生曰仁、不偷盗曰义、不邪淫曰礼、不妄语曰信、不饮酒曰智。

不杀生是对他人的生命不侵犯；不偷盗是对别人的财产不侵犯；不邪淫是对他人的身体不侵犯；不妄语是对他人的名誉不侵犯；不饮酒是对自己的灵智不侵犯，而不致去伤害别人。因此，所谓五戒，综合起来就是一戒，即是不侵犯。不侵犯是什么意思？用现在的观念加以诠释，就是自由的意思；在不侵犯别人自由的情况之下，而享受到最大的自由。

有些人不了解持戒的精神，担心受了戒会自我束缚，其实受了五戒才是真正的自由。试看关在牢狱里面的人，不都是犯了五戒，才失去自由吗？像杀生，主要是杀人，现在有些人太狠，不但杀人还要分尸。案发判刑，今生身系囹圄，身心不自由，来生堕落地狱，不能解脱更不自由。

所谓偷盗罪，放眼今日社会的贪污、欺诈、背信、违反票据法、抢劫等不法行为，都是犯了偷盗。邪淫诸如有伤风化、重婚、骗婚、三角恋爱都是。妄语呢？在这个社会就更多了，只要对自己有利，能够骗取对方的财物，则不择手段，不惜用什么语言来伤害别人。饮酒戒，除了会使人昏醉的一切饮料不可饮用之外，举凡鸦片烟、吗啡、摇头丸等，会迷失人类本性的毒剂，也不应该吸食注射。

不受戒，犯了过失，一样有罪。受了戒，好比驾驶有了交通规则，比较安全；航海中，有了罗盘可以指引；人在学校里，有老师可指导；战争时，有城墙可以保护自己。所以丈夫应该鼓励妻子受戒，妻子应该劝导丈夫受戒，丈夫受了戒，妻子可以放心丈夫将不会在外拈花惹草；妻子受了戒，丈夫也可以放心她不会红杏出墙。因此五戒是维护家庭和谐美满的助力，五戒是做人的基本道德，是促进社会安宁进步的妙方。

已受五戒者，可以进一步受八关斋戒，体验一下出家人的生活。可于每月的八日、十四日、十五日、二十三日、二十九日、三十日的六斋日当中来受持八关斋戒，为了现代人的方便，也可选择星期例假日。这一天除了受持五戒，还要加受三条：一是不擦脂粉、不化妆插花；二是不唱歌跳舞；三是不睡高广大床，合称八关斋戒，斋就是持过午不食戒的意思。受持八关斋戒的主要意义是让在家信徒有机会培养出离心，过出家清净离欲的生活，这是佛陀慈悲特别开出的方便法门，让在家信徒播下出家解脱的种子。

经典告诉我们，依戒才能生定，依定才能引发智慧，而达到解脱。在家信徒学佛持戒，如此熏习之后，生活中自然会产生定力，增加智慧，道德与人格自然升华。

四、禅宗的修持方法

（一）禅的时代意义

自从达摩祖师西来，将禅的要义传入中国之后，经过慧可、僧璨、道信、弘忍，传至六祖惠能，一花开五叶，禅在中国本土遂开出灿烂的花朵，成为中国佛教的重要宗派之一。禅的思想，不仅影响佛教界，以及中国哲学思想的发展，甚至影响宋朝的儒者，修禅学儒，掀起异于先秦儒家思想的新儒学运动；禅，为宋明理学注入了新的生命。

中国佛教的八大宗派，在历史上都曾经盛极一时。譬如华严、天台、法相、三论宗等，皆曾为朝野上下所喜好，但是这些宗派或者因为教理高玄，不容易为一般民间所接受；或者缺乏继承弘传的人才，而逐渐式微。只有禅宗和净土宗，随着时代的迁移而更加兴隆。尤其现代，文明过度进步的西方，也纷纷转向东方的禅，来寻找他们精神上的食粮。

在现在这个复杂纷乱的社会生活里，我们每一个人都需要禅定的力量，来安顿浮躁不安的身心。20 世纪以来西方文明的巨浪，席卷整个世界，机器的运作，加快了人们的脚步，物质的增产，刺激了人们的享受欲望。人们随着机械、电子的转轮，马不停蹄地汲汲于营生糊口，而忘记停下脚步来看看自己；生活竞争的激烈，人和人之间的疏离感愈来愈严重，感官的过度享受，使人们麻醉了自己的性灵，虚无、失落，遂成为这个时代的时髦名词。针对这样的时弊，禅，实在是一帖最好的药方。

修行禅宗，最主要的目的是明心见性。所谓明心见性，就是认识自己，认识自己朴实未染的本来面目。说起来很悲哀，我们自己都不认识自己，高兴的时候，觉得世界是美丽的；悲伤的时候，看花儿也在落泪；生气的时候，看到什么东西都讨厌。心理学上将我们的心分成几种"我"，究竟生气时的我和悲伤时的我，哪一个才是真正的我呢？我们如果不能认识真正的自己，只有被外在的环境所驾驭，轮转不已，永远无法得到安宁。因此我们必须透过禅的修学方法——回光返照，来反观自己的自性，认识自己的本心，以求得心灵的真正解脱。

那么，如何才能明心见性，找回自己的本来面目？最重要的是必须放下我执、我见，抛弃一切的迷妄、分别，才能超凡入圣，进而凡圣俱绝，顿入禅的核心之中。

（二）禅宗的修持方法

禅宗不同于一般世间的思想，它不重视知解而重视实践，所以不可用一般的见解来接受禅。禅宗的修持方法，乍看起来有时似乎很矛盾，有时又非常不通情理。不了解禅的奥妙时，禅师们的接人应答，看起来像儿戏，若能体会则个中充满了禅机、禅趣。

1. 生活修行，身心参透：禅就是生活，日常生活的搬柴运水、喝茶吃饭，无不蕴藏无限的禅机。因此庞大士说："神通并妙用，运水及搬柴。"

禅，从印度传到中国以后，中国禅宗的祖师们，为了适应中国的民族性格、风俗习惯，将印度注重习定冥思的思想，融入日常生活之中，而开展出中国独特的讲求劳作精神的禅风。四祖道信禅师，首先唱出"行住坐卧，无非是禅"的划时代宣言。到了百丈禅师更创建丛林制度，而树立"一日不作，一日不食"的劳作精神，提倡刀耕火种、服田力穑的农禅生活，把禅的精神，深深地根植于大地之中；从心脏的跳动、手足的操作，来体会禅的妙趣，唤起真如本性的觉醒。

禅的精神，并不局限于打坐的禅堂，在 24 小时里，举手投足，扬眉瞬目，都充满了禅的妙趣；禅的消息，并不仅仅在敛目观心的禅定中，日常的穿衣吃饭、走路睡觉，都透露着禅的妙机。生活中的禅，是将寂静的禅定功夫，摄入日常的劳动之中，而达到动静一如的境界。禅，是从琐碎的事物中，以整个身心去参透宇宙的无限奥妙，是化伟大于平凡、化高深于平淡的修持。日常生活的点点滴滴，无一不是明心见性的依据。

唐朝的罗汉桂琛禅师，为玄沙师备禅师的法嗣。有一天禅师在田中莳草播种的时候，来了一位云水僧，禅师问这位行脚的出家人："你从哪里来呀？"

"我从南方来。"行脚僧回答。

禅师一听，这个人是从南方来的，南方是禅学兴盛的地方，于是问他："南方的禅法怎么样呢？"

"商量浩浩地。"行脚僧回答。意思是说，南方研究禅学的风气很盛，大家热烈地讨论着。

"那也不坏，但是不如我这里耕田播种，筛谷作米，让大家都有饭吃。"云水僧心想："禅师怎么不看经、不禅坐，而从事一些芝麻琐碎的工作呢？"于是问道："和尚，您不从事研究教化工作，那么您自身如何出三界？又如何去救度众生呢？"

洞察敏锐的桂琛禅师，机锋相对地反问："你所谓的三界究竟是什么东西？"

禅师是住在三界之中，照样吃饭睡觉，而不被三界的物欲所染。是住而不住，不住而生其心的当下肯定，自然非云水僧心外别求出离三界的见地所能匹俦。

《六祖坛经》说："佛法在世间，不离世间觉。"佛法不在遐远，佛法在我们日常生活中俯拾即是。禅门里，以日常生活的劳作为因缘而悟道的例子甚多。譬如六祖惠能本身，也是在春米房中，悟出无念、无相、无住的道理。赵州从谂禅师依止南泉普愿禅师座下，他曾经数年担任火头的工作，料理大众的饮食。有一天，大众都到菜园工作，突然听到厨房传来赵州禅师的喊叫声："失火了！失火了！"大众紧急地赶到现场，却看到赵州紧闭门牖，任大家如何劝诱，都不肯出来。正在危急万分的时候，南泉禅师赶到，从窗口递进一把钥匙给赵州，赵州才开门让大众进来，把火扑灭。这则公案是说：我们内心无明烦恼的火焰，不是外来的清水可以扑灭的，必须以内在觉悟的力量，才能够熄灭。

对禅师们而言，禅活生生地充塞于宇宙之间，禅就是生活，生活就是禅，日常茶饭、如厕沐浴，无一不是般若和禅定的风光。

2. 提起疑情，棒喝见性：每个宗教都强调信仰，譬如天主教说："信仰上帝，就能得救。"佛教和其他宗教一样，也注重信心的培养。有了信心，才能深入佛法的大海；有了信心，才能长养求道的根苗。但是佛教不同于其他宗教，除了重视信心的培养，更注意疑问的提起。

平常我们称赞某人很有学问，其实"学问"就是学习发问的意思。科学上许多伟大的发明，哲学上不少崇高的思想，都是从我们平时引以为常的事物之中，产生疑问而发展形成的。譬如牛顿坐在苹果树下，看到苹果掉在地上，引起疑问，因此发现地心引力的道理；瓦特看到沸腾的水气，掀开了水壶的盖子，迷惑不解，努力研究，终于发明了蒸汽机。佛陀未出家前，出游四海，看到人类生老病死的现象，促使他开始探讨痛苦的来源，终于找出解决痛苦的方法，为宇宙带来了无限的光明。

疑问是发明的原动力，真理是不怕探讨的。孔子说："学而不思则罔。"我们对于事物，不懂得去发掘问题，启发人类特有的自觉能力，充其量也不过和其他动物一样，行尸走肉而已。古人说："为学，则不当疑处应疑；做人，则当疑处不疑。"疑问如同撞钟一样，力道愈大，声音愈响亮；疑问愈深，答案愈精辟，因此佛教说："大疑大悟，小疑小悟，不疑不悟。"如果对生命的意义希望深一层地了解，就必须培养提出疑问的态度。禅宗的公案对答、参话头的方法，正是提起疑情最高度的表现。

有一位云水僧请教马祖道一禅师说："什么是祖师西来意？"

禅师招手叫这位云水僧靠近身边来，然后出其不意地打他的耳光说："六耳不同谋。"

"何谓祖师西来意?"是说初祖菩提达摩千里迢迢,从印度来到了中国,究竟传来什么佛法,也就是说佛法的奥义、禅的真髓究竟是什么? 其实,佛法妙意,如同三个人交头接耳商策事情,消息已经不胫而走,宣泄无遗;佛法的大意书早在人人脚下、日用之中,而对方愚痴不明,还追问不舍,难怪要挨打了。禅宗在疑问对答中,找到了解答,语录问答的方法,遂成为禅宗特有的入道法门。

在禅宗,有时候不近情理地打骂喝斥,也是接机的重要方法。譬如有名的德山棒、临济喝,就是以无理来对待有理,以棒喝去除我们无始以来根深蒂固的妄执、我见,而显现清净无染的本性。因此禅的教学法,有时看似混乱,但是混乱中有哲理;有时视如矛盾,但是矛盾中有统一。

有一次,药山惟俨正在禅坐时,来了一位行脚的出家人,看到静坐中的禅师就问:"你在这里孤坐不动,思量一些什么事情啊?"

"思量不思量。"禅师回答说。

"既然是不思量,又如何思量呢?"这位行脚僧不放松地追问。

"非思量。"禅师针锋相对地回答。

这则公案从一般的理论上看,既思量却又不思量,似乎互为矛盾,其实有它的道理。意思是说:禅虽然不是文字知解,主张言语道断,但是透过文字知解,可以把握禅不可言说处的真髓,也唯有超越知识见解上的执着,才能探骊得珠,体会到真正的禅味。

在禅宗里,寻师访道、参究佛法要义的公案比比皆是。禅师们不但禅坐、劳作是修行,甚至挤眉弄眼、打架相骂也是修行。而这一切无非是要打碎我们的无明烦恼,呵斥我们的迷妄执着,而收到直指人心、见性成佛的大机大用。

3. 打坐观心，坐断乾坤：透过禅定的功夫，显发我们的真如佛性，自来为各大宗派共行的修持法门。禅观的实践，在佛陀时代，即已普遍地盛行于当时印度一般的思想界，譬如六派哲学的瑜伽派、数论派等，都非常注重禅定。佛陀本身未证悟之前，也曾经过 6 年禅定功夫的训练，最后在金刚菩提座下，进入无上甚深的禅定之中，终于夜睹明星，而证悟因缘生灭的真理。因此佛陀的正等正觉，和禅坐有着密切的关系；禅坐是我们彻见本性的要门。

达摩祖师西来东土的时候，曾经独自一人在嵩山顶上面壁 9 年，在禅坐中，静静地度过了他的一生；从身体的力行实践里，细细地咀嚼禅的真髓本味，并且把禅的醍醐妙味，遍洒于中国全土。因此宋朝的宏智正觉禅师赞叹他："寥寥冷坐少林，默默全提正令。"

宋朝的天童如净禅师受到禅坐思想的影响，极力提倡坐禅，首先提出"只管打坐"的见解。日本的道元禅师跟随他学禅，遂将禅师的思想移植于东瀛，而开创日本曹洞宗"只管打坐"的独特门风。除了如净、道元两禅师的提倡打坐，当时更有宏智禅师提倡"默照禅"，主张端坐内观自性，以彻见诸法的本源。由于如净、宏智等人的推弘，中国的禅风，遂从六祖惠能以来，一向注重观照本性的心证，一变而为在"赤肉团"上用功夫的身行，打坐于是成为禅门入道不可缺少的实践方法。

其实对禅定的注重，并不限于佛教。平时我们劝人要冷静；慌乱的心冷静下来之后，才能好好地思考问题，这好比在一池混浊的潭水投入一块明矾，池水则清澈干净一样。事实上，冷静就是禅定功夫的表现。儒家的《大学》说："大学之道，在明明德，在亲民，在止于至善。知止而后能定，定而后能静，静而后能安，安而后能虑，虑而后能得。”荀子也认为人生最高的境界，为达到“虚、一、静”的寂静世界，这一切都说明了静虑的修持，是我们安身立命的重要行门。

打坐，开始的阶段，能使身体感到轻松愉快，心里柔软笃实，功夫深了，忘失身心世界的时候，觉悟的道路自然开启。我们只要用功夫，等到心湖的波浪静止了，自然能够涌现出朗朗的明月；纷乱的念头平息了，清明的灵性自然显现出来。

如净禅师在他的语录上说：参禅为身心脱落，不用烧香、礼拜、念佛、修忏、看经，只管打坐始得。坐禅不是沉思冥想，更不是呆默无为；坐禅有别于诵经拜佛，坐禅的人要抛弃万尘，心无旁骛，一心以禅坐为至高无上的安乐法门，仿佛回归自己本家一般，安然地稳坐于自己的法性之座，和十方诸佛一鼻孔出气，遨游于法界性海之中。

禅坐最终的目的，在求得身心脱落，把我们虚妄的分别心脱落尽净，甚至连佛、觉悟的世界也荡涤无遗。禅师们在寂寂的古刹、袅袅的烟火中，一支香、一支香地打坐，将他们的生命投注于禅坐之中，目的就是希望把动荡的身心、虚妄的世界坐断消灭。在永恒无限的静坐中，将清净的本心，流入无限的时空，而达到不迷不悟、完全解脱自在的境界。

（三）禅坐的方法

禅悦的妙味，好比“如人饮水，冷暖自知”，只有亲身体会才能明白。打坐经验久了的人，不管林下水边、岩洞冢间，都能够安然入定；但是初学的人，最好选择在室内，远离嘈杂的地方，比较能够收到效果。室内的灯光不可太亮，以免刺眼；也不可太暗，以防昏睡。最好能摆设佛像，燃香供佛，以摄心提念。坐禅的位置，避免直接通风，以免伤风。

除了环境，饮食、衣着也要注意。吃完饭一小时之内，不宜打坐，因为这时血液集中于肠胃，此时打坐，既不合乎生理卫生，也容易昏沉。饮食不可过饱，也不可太饿，最好七八分饱。衣着方面要宽松、舒适、柔软，以免妨碍血液循环。睡眠要充足，以免昏沉入睡，浪费宝贵时间。

做好上面的预备工作，便可以开始打坐。禅坐分为三阶段，即调身、调息、调心。智者大师的"小止观"对此有详尽地解释，可供参考。以下仅简单介绍：

第一，调身。首先要盘腿，盘腿分为单盘和双盘。单盘是把左腿放在右腿上，或把右腿放在左腿上，佛教称之为半跏趺坐。双盘是把左腿放在右腿上，再把右腿放在左腿上，相反也可以，佛教称之为全跏趺坐。如果无法双盘，单盘也可以，万一单盘也盘不起来，也可以将两脚交叉架住。盘腿可以使浮乱的身心静止下来，仿佛巨大的树木根植大地一般，容易进入禅定的境界。

盘好腿，双手结手印，先将右手仰放于肚脐下，左手放置在右手上，两拇指轻轻相抵，两手臂自然紧贴腋下，此称为结"法界定印"。这种手印可以使左右气血相互交流。盘坐时背脊要挺直，但也不可过度生硬。背脊挺直，可使五脏六腑顺畅运行，促进身体健康。两肩要平张，不可左右倾斜；颈项要紧靠衣领，保持从侧面看耳朵和肩膀成一直线的姿势，下巴要内收，嘴轻轻地闭着，舌尖抵住门牙上龈的唾腺，可促进消化。初学者眼睛最好微睁，注视着座前二三尺的地方，以免昏睡。

第二，调息。身体调好了，接着调呼吸，可以持数息观，从一数至十，数出入的呼吸，使呼吸由粗重急喘而细微平和，如游丝一般若有若无。

第三，调心。调身、调息都做好了，最后要调摄心念。我们的心念如野马奔驰，不容易控制，但是心念如果不能调制，纵然坐破蒲团，也没有意义。我们可以持观想，将心念集中于一处，或者观想佛的三十二相好；或者念佛，持咒；或者参公案、话头，只要能够将心念摄住，什么方法都可以。

以上简单地介绍了禅宗的修持方法。禅是无法以语言表达的，禅要亲自于生活中体会，吃饭有吃饭的禅，穿衣有穿衣的禅，待人处事，甚至经商创业也有个中的禅味。香严智闲禅师饱学经论，后来参访沩山灵佑禅师，一天灵佑禅师对他说："你一向博学多闻，问一答十，现在我问你一个问题：父母未生我的本来面目是什么？"

智闲禅师翻遍了书本，也找不到答案，对禅师说："和尚慈悲，请您开示我。"

"如果我告诉你答案，那仍然是我的东西，和你不相干，我告诉了你，你将来会后悔的，甚至怨恨我。"禅师拒绝他的请求。

智闲禅师一看师父不开示他，很伤心地把所有经典烧毁，哭泣地离开了师父，到南阳自崖山去看守慧忠国师的坟墓，昼夜六时如哑巴吞含火珠似的，思考着这个疑团。有一天在庭园扫地，听到石头打中竹子的声音，顿然身心脱落，而大彻大悟，于是沐浴焚香，对着沩山遥拜，说："和尚，您实在太慈悲了，假如当初您告诉我答案，我就没有今日的喜悦了！"可见禅是要自己亲自去心领神会的。

五、唯识宗的修持方法

（一）唯识宗的祖师

1. 玄奘大师：家喻户晓的唐朝玄奘大师，公元602年生于河南陈留。自幼出家，遍学涅槃、毗昙、摄论、成实、俱舍等诸经论。由于当时诸家对佛教经典解释不一，众说纷纭，玄奘于是发心前往天竺求回唯识学的原典。

唐贞观三年，玄奘大师只身走过千里流沙，历经重重的艰难困苦，冒着生命的危险，到印度那烂陀亲近当时唯识学的泰斗戒贤，学习瑜伽、显扬、婆沙等诸论，深究护法唯识学的奥义。贞观十九年，玄奘大师携带大小二乘经论657部回到唐都长安，其中最主要的部分是唯识宗的宝典，如《唯识三十论》《唯识二十论》《摄大乘论》《成唯识论》《瑜伽师地论》等。

玄奘大师回到长安之后，19年间，一面培育弟子，一面从事译经的工作，一共译有75部1335卷的经典，在中国佛教译经史上大放异彩，奠定了中国佛教唯识宗的基础。

玄奘大师在印度束装回国的前夕，曾将自己所建立的唯识要义挂于门外，向全印度的宗教界宣布："如果有人能把我所立的唯识宗的论说驳倒，我玄奘愿以生命向他礼谢。"当时竟然没有一个人能反驳他的立论，其学养之深可见一斑。从此玄奘大师声名远播，全印度数十国的国王，联合请他开讲唯识教义，极尽盛况。

玄奘大师是中国佛教史上，第一位到外国去求学的留学生，并且是在国际舞台上，第一位为中华民族扬眉吐气的人。他对佛教及中国文化的贡献影响至巨，是位功不可没的高僧。

2. 窥基大师：玄奘大师在传播唯识教义的时候，深觉寻找一位传人，以推展唯识宗的弘扬，是一件很重要的事。他看中尉迟公的儿子窥基，要求尉迟公答应儿子出家。当时尉迟公原本不答应，玄奘大师对他说："此子气度不凡，非将军不生，非我不识。"

尉迟公听了玄奘大师的真挚劝说，当下允诺。但窥基满怀盛怒地拒绝，后虽勉强应允，却提出佛教戒律所不能容许的三项要求：(1)不断除情欲；(2)不断除荤食；(3)得以过中食。玄奘大师则"先以欲勾牵，后令入佛智"，欣然答应满足所求。

唐贞观二十二年，窥基 17 岁，奉敕剃度为玄奘大师弟子，并学习五印度文、研究佛教经论。窥基外出往返必有三车相随，前车为佛教经论，中车自己乘坐，后车则载有侍女和酒食，因此而有"三车和尚"之名。

有一天，窥基自诘："佛法经论处处皆是禅悦法喜，何苦要这些拖累呢?"于是摒除三车，身心顿时自在。后来成为玄奘大师门下多闻第一的高徒，他精通大小乘经教，了知华梵各种语言，辩才无碍，撰述多种经论章疏，尤其能运用因明，提纲挈领，建立一家体系，是传播玄奘大师的法相要义，阐扬唯识思想的重要人物。

(二) 唯识宗的要义

1. 万法唯识所变：唯识宗，一般人常误解为"唯心论"，实际上唯心论和唯识宗是不一样的。一般的唯心论，只涉及唯识哲学的第六意识；而佛教所说的识，不但有第六识，还有第七识、第八识等非常细微的心识活动。

所谓"识"，即认识、分别、了别的意思。例如我们的眼睛具有认识形相的能力，能够了别红黄蓝白、男女老少、大小方圆等形状。我们的耳朵，能认识声音的高亢低沉、尖锐柔和；这是西洋的交响曲、那是中国的民族音乐；那一种音乐是我喜爱的，这一种曲调是我厌恶的。我们的鼻子可以认识香臭洁秽；我们的舌头可以分辨酸甜苦辣等味道；我们的身体可以感触到舒服、柔软、坚硬、冷暖等各种感觉。

眼、耳、鼻、舌、身等五种了别识，必须依靠眼睛、耳朵、鼻子、舌头、身体等五根，对外攀取色、声、香、味、触等五尘，并且现起存在，才能产生认识作用，在唯识学上，称眼、耳、鼻、舌、身为前五识。

一般人所谓的第六感，佛教并不使用这个名词。唯识宗的"第六意识"与前五识不同，第六意识可以普遍地去攀缘一切法，例如有为法、无为法、看得见的、看不见的、用心想的、追忆过去的、憧憬未来的，甚至龟毛兔角等，第六意识都可以去推度比较，作种种想象分别，所以它的了别作用比前五识更大，更广泛。它可以和前五识共同攀缘外境，也可以单独现起，因此称为独头意识，例如幻想过去、现在、未来的独散意识；做梦时可以飞天跨海的梦中意识；或打坐参禅时，在禅定中不生起前五识的定中意识等。

第七识，又称末那识，是比第六意识更细微的心识。一般西方哲学、科学、医学固然不知有此心识，就是小乘人亦不甚明白。第七识的思量作用，是恒常的，不像第六识有间断性。它是一个很麻烦的东西，因为它常常执着第八识为我，因而产生我爱、我见、我痴、我慢等四大根本烦恼，对于自我及我所深生耽着，引发许多贪瞋痴的行为，造诸恶业，于生死中不得解脱。

第八识，称为阿赖耶识，为一切诸法所依。所谓万法唯识，宇宙森罗万象都是靠这第八识无始以来所含藏的种子变现出来的。它含有清净种子和杂染种子，由于第七末那识不断地妄执，引发第八识的杂染种子起现行，更由此杂染种子现行回熏成为新的种子，而造作新的行为。世间的一切，因此而层层不断地变现展开。如果能认识一切唯心所造、唯识所变，了解一切万法都是不实在，而断除妄执，便可了生脱死，回归涅槃清净之体。

唯识思想认为宇宙的一切，无论是山河大地或日月星辰，乃至我们的知、情、意等一切心灵活动，皆是由各人的唯识所变现，而产生各种千差万别的现象。如果我们能够泯除心识的虚妄分别，视而不见、听而不闻，则能如实地了悟世界的实相，不为纷乱动荡、光怪陆离的现象界所迷惑。

2. 唯识的作用：唯识的心识，力量很大，譬如第六识中的梦中意识，不需假借眼耳鼻舌身等前五识，而能自行独自活动，如晚上睡觉时，可以起来梦游，又能自己回去睡觉。做梦时上山下海，毫无阻碍，仿佛真实一样，一点也不觉得是在梦中。

由于意识染着外境的不同，造成各种不同的业因，感受各种不同的果报，因此而有嗜好、兴趣、习惯上的不同。譬如有人看到溪中的鱼虾就说："那些小鱼小虾好肮脏啊！小小的身躯里，却藏着大便小便、五脏六腑等秽物。"但是对一个饕餮成性的人来说，却把它视为佳肴，吃得津津有味。又如粪便虽是污秽不堪的东西，可是狗的鼻识，由于业力所感，却把它当作珍馐美味。心识觉得是美味的东西，纵然是污秽难以入口的粪屎，也会变成山珍海味；心识觉得不舒服的地方，即使是清净的极乐净土，也会变成刀山剑海。由此可见心识牵引力量的巨大。

中国佛教史上四大翻译大师之一的鸠摩罗什，翻译过不少的大乘经典，如《法华经》《维摩经》《金刚经》《阿弥陀经》等。他年少时，有一次到某寺院去游玩，看到一个像帽子的大磬，一时兴起，就拿起铜铸的大磬戴在头上。由于他当时没有分别心，只想到这是顶帽子，千钧重的铜磬在他的心意识里，并无重量的存在，因此轻易地戴在头上，一点也不觉得重。他的母亲一看就说："胡闹！那是铜的磬子，怎么可以当帽子戴呢？"鸠摩罗什一听是铜制的，意识到铜的观念，马上感到泰山压顶般，沉重得抬不起头来。

宇宙万法本是如如不变，但是心识一起分别，山河大地在识藏里的变现就不一样了。心情愉快的时候，天上一轮皎月，真是诗情画意！如果是行窃的小偷，看到天上的明月，反而怪月儿不作美，破坏他的好事。假如是自己心爱的对象，会觉得她比西施还要美貌；假如是不喜欢的人，便觉她像母夜叉般面目可憎。

同样一个人，有了爱意，觉得对方美若天仙；没有爱意，甚至由爱生恨时，便觉得对方奇丑无比；既无爱意也无恨意时，对方则只不过是个相貌平庸的普通人。因此一切的境界，皆由于心识的分别作用，而有美丑、好坏、优劣的种种差别。如果我们善于调伏自己的心识，再痛苦的事，也能逆来顺受，甘之如饴。譬如站立良久，两腿酸麻，没有座位可坐，原本是很辛苦的事，但是只要我们心甘情愿，一切也就不以为苦了。如何转妄识为智慧，正是解脱的重要途径。

（三）唯识宗修持方法

既然山河大地、宇宙万有，皆由我们的心识所变现，那么，如何才能悟入唯识的境界？以下四种力是必须具备的：

1. 因力：何谓因力？凡事必有其因，有如是因才能产生如是果，欲趣入唯识的果位，先要培养修观唯识的因力，以大乘的教法来说，即是多闻熏习，常常听闻佛法，以种植好的因缘种子。

2. 善友力：所谓善友力，指要有善知识的指导。俗话说："近朱者赤，近墨者黑。"修学佛法，亲近善知识是很重要的。对于善知识，应该虚心向他求教，接受他的教导。善知识的熏陶，能使我们增加求道的信心与力量，修学上能够走向正确的方向，以进入唯识的境界。

3. 着意力：所谓着意力，就是要有卓越的见解，对佛坚信不移，永不退转。佛教不同于一般的哲学思想，不能只从字面上解释，或只是表面上浮光掠影地了解。学佛的人，应该深入地认识佛法，肯定它的立论，不轻易改变对佛法的信心。这种由思想而产生信仰，由信仰而引发力量的过程，即是着意力。有了着意力之后，任凭别人批评诽谤，仍能屹立不动，毫不转移。譬如有人批评："佛教是迷信的宗教。"我们心想：迷信总比什么都不信好多了。能够正信当然最好，不能正信时，至少还有信仰，连迷信都没有的人，则是空无所有，最为贫乏。

我们对于维护世间的公理、社会的正义，也要有毫无条件的道德勇气。当我们一切抱持着"我不为什么"时，就能择善固执，勇于为真理而牺牲。假如心中存着条件，面对牺牲时，会想："我为什么要这么傻？"一旦如此，就裹足不前了。岳飞曾说："文官不爱钱，武将不惜死。何患天下不太平！"所谓不爱钱、不惜死，就是一种为维护真理而执着不放的迷信。以上所讲，并非提倡迷信，而是凡事不必只为自己的利益斤斤计较，有时不妨抛开条件，为社会奉献一点力量。况且迷信不见得是坏事，如果对真理能产生迷信，何尝不是一件很美的事呢？

4. 任持力：学佛的人，除了对自己所信仰的立论坚信不疑，更要时时守护它，经常思维，才能逐渐与身心相应。同时，必须能担当弘法和救护群伦的责任，受持四摄六度的菩萨行，以及佛陀的慈示。

（四）唯识宗修行的次第

唯识宗修行入道的次第，在《成唯识论》里，一共分成下列五个阶位：

1. 资粮位：菩萨发坚固菩提心，欲求无上佛道，须先修持四摄、四无量心、六度万行等种种福德、智慧，作为成就佛果的资粮，即修学世间有漏的福德因缘，诸如修桥铺路、冬令救济，响应仁爱计划、小康计划等善行，抱着人饥己饥、人溺己溺的精神，广植福德，积集资粮。

2. 加行位：加行是加功用行的意思。既然已经具备了福德资粮，进入到菩萨十回向满心，必须再进一步迈向菩萨十地的第一极喜地，勤行四善根，即暖、顶、忍、世第一等四加行位。加行位好比工厂赶制产品，必须连夜加班，一气呵成；又好比打铁必须趁热，加紧工夫，炼铁成钢。

3. 通达位：到此阶位已能体会唯识真性，通达真如，可说是见道了，一般说的分证法身菩萨，就是指这个阶位。

4. 修习位：即修道位。从通达位进入初地起，到第十地，以无分别智断分别起二障，依我空、法空证悟唯识理，此一阶段要经过十地位，修十波罗蜜，断十重障，证十真如。

5. 究竟位：菩萨修至十地满心金刚无间道，断二障种子，证二空理，转烦恼障得涅槃，转所知障得菩提，成就佛果，达到究竟解脱。

以上对唯识简略地介绍，主要是要我们认识"识"。识就是我们自己，是生命的根本。我们的身体死了，眼睛、鼻子、耳朵腐烂了，但是有一样东西却不灭亡，那就是我们的心，我们的识。这个心识，是流转生死六道轮回的本体，有时候转世成人，有时候出生为牛。尽管形象不一样，但是心识只有一个，没有不同。因此如果我们希望来生出生做什么，今世就必须将我们的心识着意在那一方面。一心持戒，守住做人的根本道德，来生就有希望投胎为人。如果再加修禅定，可升天享福，若要究竟常乐，则必须念佛求生西方极乐世界。

修学唯识最终的目标是转识成智，"识"是生死的根本，"智"是佛性，我们的光明。佛教说转八识成四智，即第一转前五识为成所作智；第二转第六意识为妙观察智；第三转第七末那识为平等性智；第四转第八阿赖耶识为大圆镜智。转八识成四智，是修学唯识宗主要用功用力的地方。有心学习者，可依《成唯识论》所记载的修道次第，一步一步探讨深入，当能转凡夫为圣人。

六、三论宗的修持方法

（一）三论宗的祖师

三论宗是以龙树菩萨的《中论》《十二门论》，以及提婆菩萨的《百论》为依据而成立的宗派。这三部论典都是鸠摩罗什大师所翻译，因此中国的三论宗，应以鸠摩罗什大师为初祖。罗什之后，有僧肇法师等人弘扬般若思想，至第六祖为嘉祥吉藏大师，由于他对三论宗的弘扬最为用力，集三论宗之大成，也有人尊奉嘉祥吉藏为三论宗的祖师。

吉藏 7 岁跟随法朗出家，当时适逢隋朝末年，政局动乱不安，而避乱到越州嘉祥寺，讲经说法，著作论疏，因此世人尊称他为嘉祥大师。他一生讲解三论 100 多次，讲《法华经》30 多次，其他如《般若经》《大智度论》《维摩经》《华严经》等，都曾大力宣扬，著作有 40 多种，约有 100 余卷，被誉为文海。

（二）三论宗的要义

1. 空不碍有：三论宗的立论，是破邪显正，以缘起性空的道理，破除一切妄执。三论宗的性空，不是否定现象界的一切假有而说空，而是在万法常体上，观察其无自性之空。一般人难以接受性空的道理，常人所了解的空，是空空如也的空，是什么都没有的空。在一般人的观念里，有和空是互相对待的，有的不是空，空的不是有。依三论宗所讲的空义，我们所说的有不是真有，我们所说的空也不是真空。根据三论宗的论说，空才能有，不空就没有，所谓"以有空义故，一切法得成"，空是所以成就有的要因。

2. 有依空立：世界上的万有究竟安住在哪里？"有"是建立在"空"的上面。有空间才能成就各种因缘，没有空间，我们如何立足？皮包不空，东西往哪里装？鼻子不空，如何呼吸？口腔不空、耳朵不空，甚至毛细孔不空，人就无法生存了！我们的生命所以能够维系，最主要是有无限的空间，由此可知有是建立在空的上面，真空才能生出无限的妙有。

3. 缘起性空：一般人所认知的有，不是真有，而是因缘和合的假有。譬如我们身上的衣服，它是棉花的种子，加上土壤、阳光、空气、水分等种种因缘条件，施以人工，才转变为棉纱，制作成衣服。棉纱、衣服，本来为空。它的生成是依靠种种因缘的聚合而生，故不能自生；将来破败了，也因为种种因缘的分散而坏灭，故不能自灭。衣服本身不能自生自灭，只是依因缘而假生假灭，因此没有自性，既然无自性，所以为空。

既然诸法为空无自性，故其生灭乃暂时的假生假灭，换句话说，诸法本来不生不灭。如《般若心经》所说："是诸法空相，不生不灭，不垢不净，不增不减。"世界一切诸法，都是因缘所生，不是真有，自性本空。诸法虽然和虚空一样无自性空，但是又假借全宇宙的关系因缘和合而成，从暂时存在的现象界则说缘起，从本无自性的实体界故言性空，因为缘起，才显其性空，因为性空，所以能缘起。因此缘起不碍性空，性空不碍缘起，真空中才能生出妙有。

4. 以空为乐：一般人都欢喜有，如有福、有财、有功名富贵等等；假如说空呢？就觉得不如意了。其实空才是真实不灭，才是永恒存在，从空中所建设的有，是永恒无限的人生。

我一向的人生观即是：以退为进的人生观、以无为有的人生观、以空为乐的人生观、以施为舍的人生观、以众为我的人生观、以教为命的人生观。

凡事只要不执着，一切都为我们所享有。无我和空，有无限的妙意，无我才是真实，真空才是妙有。这种以空为乐的道理，在阐明空理的经典如《金刚经》《心经》等，都有精辟的说明，只要慢慢熏习修学，有朝一日，必定能够成就以无所住而生其心的空乐。

（三）如何修学空观

在中国的文字中，空和无的意思是相似的；但是梵文经典上，空与无的解释却是大不相同。无是没有，什么都没有，而空不是什么都没有，是指诸法自性了不可得，因此称为空。空并不否定现前存在的一切假名有，空也不妨碍假名有的存在，进一步说，有了空才能假名有。

对于空理，如果能以坚定的信念加上逐渐修持，就可以次第观我空与法空。修持我空观，最好的方法是修学观身不净、观受是苦、观心无常、观法无我等四念处法门；修学四念处，对于生命的妄执爱着，会慢慢降伏减低，去除我爱、我慢、我见、我痴，而悟身空。

六祖惠能大师说："何期自性，本不生灭。"佛教经典上亦说："诸法从本来，常自寂灭相。"所谓法空观，即观察诸因缘所生，不生不灭的空性。具备此空性正见之后，再修"止"成就，破除一切妄执，然后进一步修"慧"，证得般若智慧。由止而观，由定而慧，这个步骤，即以无性空为所缘而修止，叫"有分别影像"的观察。其次仍以无性空为所缘而修定，这是深一层的定，安住于定中以后，再修观察，也是以无性空为所缘，然后观心纯熟，心虚明显，清净无染如离去一切云翳的太虚空。从此观力重发轻安，就是修观成就。然后，止观双运，不必用心着意，自然以无分别观慧，能起无分别住心；以无分别住心，能起无分别观慧，止观均等，定慧等持。最后，空相脱落，而证入胜义——涅槃空寂法性之中，般若无分别智于是全体展现无遗。

七、净土宗的修持方法

（一）念佛法门的殊胜

中国的净土宗，从庐山慧远倡导净土思想，历经北魏昙鸾、唐朝善导、道绰、慈愍等大师的推弘，随着时代的迁移，愈为后代人所喜爱。净土宗和禅宗一样，为影响中国佛教、民间信仰最为深远的宗门。

提到念佛，千万不可存着轻慢马虎的心理，认为念佛很简单，只要不断地念下去就行了。如果我们念佛时杂念纷飞，念得不纯熟，念得不恳切，即使念一辈子的佛，也不能与阿弥陀佛心心相印。

念佛，不只是老公公、老婆婆的专利品，在物质充斥、生活繁忙的今日社会里，人人皆应修持念佛法门，让心灵有一片安谧的园地。念佛法门，不会妨碍工作的进行，不受时间空间的限制，任何时间、地点都可以修持，是各种修行法门中，最方便的一个法门。

有一位姓王的铁匠，平时以打铁为生，勤修念佛法门。他每天工作的时候，手中拿着笨重的铁锤，每打一下铁，口里就喃喃念道："阿弥陀佛！"几年的光阴过去了，有一天他站立在烘烧钢铁的火炉旁，说出下面的偈语："叮叮当当，久炼成钢；时辰已到，我往西方。"手里还握着铁锤，人却往西方极乐世界去了，可见其念佛之专心。

我们平时无论是在家烧饭、洗衣，或是出门在外，行住坐卧皆可念佛。等人的时候可以念佛，时间容易打发，也不会感到心烦气躁无法忍耐；生气的时候，一声"阿弥陀佛"，一场风暴化于无形；见面的时候，一句"阿弥陀佛"，换来美丽的笑容。阿弥陀佛，这一句万德洪名，包含有无限功德，一句阿弥陀佛，是如此的方便，时时都可称念修持，都可收摄放逸的身心。

（二）不同心境的念佛方法

古来因为念佛而得道的人，如过江之鲫，无法胜数。以下列举几种念佛的方法：

1. 要欢欢喜喜地念：念佛目的在求生西方极乐世界，我们要观想此去极乐世界，莲华化生，不再受生老病死的痛苦；住的是黄金铺地、七宝装饰的亭台楼阁；相处的人是诸上善人等大善知识，可以互相切磋请益，并能亲聆弥陀说法。人生还有比此更快乐的事吗？如此观想，心中的法喜越深，嘴里就不知不觉地"阿弥陀佛、阿弥陀佛……"绵绵不断地持念佛号。要念到手之舞之、足之蹈之，发出至心的微笑。像这样念得心念纯净、热情洋溢，必能收到极大的效果。

2. 要悲悲切切地念：世俗的痛苦，莫过于死别。我们念佛也要如此，仿佛自己亲爱的人死了，以极度哀伤悲泣的音调，称念"阿弥陀佛！阿弥陀佛！"好比失去依怙的孤儿，找寻依靠一般，悲切地称念佛名。如果仔细思考自己从无始以来，沉沦在生死大海之中，头出头没，永无出期，遍历轮回之苦，或牛胎马腹，或披毛戴角，或地狱饿鬼，火汤血池，刀山剑树，受尽无量的痛苦，什么时候才能出离呢？思忆及此，怎不悲痛欲泣？在痛苦的深渊里，只有仰赖阿弥陀佛慈悲救拔，才能脱离苦海，跻身极乐国土，又怎能不感激而涕零呢？如此悲悲切切地念佛，我们的心便很容易和阿弥陀佛的心相应。

3. 要空空虚虚地念：我们生存的世界，是多么的虚妄不实，我们的身体，是四大五蕴假合而成，唯有一句阿弥陀佛才是究竟的归宿。"阿弥陀佛！阿弥陀佛！"要心无挂碍，一心称念佛号，念到头也没了，手足也没了，天地粉碎了，世界不存在了，悠悠扬扬、缥缥缈缈，只有一句阿弥陀佛，如游丝般充塞于整个宇宙虚空。

4. 要诚诚恳恳地念：一想到阿弥陀佛的慈悲，无边的愿力，摄受十方一切众生，不禁油然生起虔诚的恭敬心，唯愿在您无量光明照耀下，一切众生早日得度。我们要以如此虔诚恭敬的心，至诚恳切地称念佛号，顶礼圣像，借此也可加速消除业障，增长福慧，所谓"礼佛一拜，福增无量；念佛一声，罪灭河沙。"

所谓"人有诚心，佛有感应"，念佛、拜佛只要抱着至诚心，专心一意地礼拜，自然会有感应。

（三）修持净土应有的观念

修持净土法门的行人，应该具备的观念，是发大菩提心，以上求佛道，下化众生的愿心，来称念佛号，才能与阿弥陀佛的四十八大愿相应。《观无量寿佛经》上说：修持净土法门应该具备三心：(1)至诚心。是为了生死而求生彼国，不是为求名闻利养而现精进相的心。(2)深心。对阿弥陀佛因地所摄受一切众生的四十八大愿，毫不怀疑，抱着磐石不移的信心，专心一意地称念弥陀圣号，以仗着佛力的加被护持而往生极乐。(3)回向发愿心。从自利方面说，将自己所修的一切福德智慧、功德资粮，全部发愿回向往生西方；从利他方面说，则将功德回向一切众生，愿所有的有情众生都能往生极乐净土。

八、天台宗的修持方法

开创天台宗的智者大师，22 岁时，前往光州大苏山，亲近慧思禅师，苦练精修法华三昧。有一天，持诵《法华经》至《药王品》的诸佛同赞言："是真精进，是名真法供养"的经文时，豁然大悟，心境明朗。慧思禅师赞叹："非汝勿证，非我莫识……"师徒相许之情，溢于言表。证得法华三昧以后，得无碍辩才，讲解佛法妙义，口若悬河。智者大师讲说《法华经》时，仅仅一个"妙"字，就解说了三个月，将佛法大意完全发挥在妙字之中，这就是佛教史上有名的"九旬谈妙"。

智者大师感到闻法的人多，证悟的人少，恐怕佛法流于文字知解，无法久传于世。38岁的时候，进入天台山，进一步修持法华圆顿一实的中道，从法华三昧的禅定功夫至止观双修的境界。

大师证悟以后，前往金陵，于光宅寺讲《法华文句》，创建玉泉寺，著作《法华玄义》《摩诃止观》，教理、实践兼备，阐扬《法华经》的奥妙，建立了天台教学的体系，世上称此三书为天台三大部。由于智者大师以《法华经》为依据，而开展一宗之教说，因此也称此宗为法华宗。

（一）教观双美

所谓教观双美，教指教理，观是修行，就是理论和实践兼备，解行并重的意思。从天台宗的立场来看，大乘八宗之中的唯识、三论、华严宗等，偏重理论，属于教相门，而禅、净、律、密等宗，注重修行，属于观心门。此两者皆有所偏废，只有天台宗有教理又重修行，教相门和观心门两者兼备，最为圆融，因此自称为教观双美。

综观天台宗"教观双美"的思想，在教义、理论方面，乃将法界的实相、众生的法性，摄入整个组织体系，而发展成一圆融无碍的思想架构，譬如有名的五时八教的教判，即为教相门。在修行、实践方面，是智者大师依据他在大苏山所证的三昧，并融合在天台山修头陀时的妙悟，而开显出止观法门的修道体系。如一念三千、一境三谛，即为观心门。教相门和观心门，好像鸟的双翼，两者相辅相成，缺一不可。

就实际而言，天台宗的教学特色，确实是值得赞美。譬如天台三大部的《法华玄义》《法华文句》，其主重玄义及消文四意的解经方式，成为千百年来研究贯穿经意，讲经说教的最好典范。智者大师的《摩诃止观》，不只是天台家观心法门的至宝，也是修禅定、智慧的圣典，甚至小部的《小止观》《六妙门》，也是禅修必备的良书。可以说天台宗，不论在教理或观心，确实都已具足了完备的教学体系。

（二）思想理论

天台教学的本质，在解明中道实相的奥义。智者大师从两方面来把握。从绝对的理体来考察诸法者，为三谛圆融；从森罗的现象来认识诸法者，为一念三千。而本体与现象，即三谛圆融与一念三千互相圆融无碍，事中有理，理因事显，此即天台一乘圆教最微妙的思想——事理相即的"实相论"。

所谓"三谛圆融"，诸法皆具有空、假、中三个真理。空谛即诸法空无自性，没有实体；假谛即无自性的诸法乃因缘假合而成；中谛是诸法的本体超越空、假对待的绝对实相。此三谛非个别单独存在，每一谛中具有其他二谛，三者互具互融，因此称为"三谛圆融"。

"一念三千"是说我们心中的一个念头，具足三千大千世界的诸法。根据《华严经》的说法，宇宙间有佛、菩萨、缘觉、声闻、天、人、阿修罗、地狱、饿鬼、畜生等十法界，而每一法界又见十法界，故为百界。根据《法华经》的记载，每一法界具有十如是，因此百界即具有千如。智者大师将《法华经》的千如，配合《大智度论》的三世间，形成他自己独特的一念三千的教学。关于十如是、三世间等名相，佛教辞典有详细的记载，不一一加以介绍，我们只对一念三千的道理稍加说明。

我们的心，真的具有三千大千世界吗？当我们看到别人有困难，生起怜悯心，帮助他解除危难，这时就和佛菩萨一样，以慈悲心来救度众生苦。当我们春风得意，心平气和，觉得世间的一切好美，如同置身天堂一般，这就是人天的心。看到山珍海味，食指大动，起了贪爱心，这是饿鬼的心。碰到不如意的事，义愤填膺，生起瞋恨，这是地狱的心。有时和家里的人怄气，绝食抗议，结果饿坏了身体，没有力气做事，这就和畜生一样愚痴，没有智慧。一天 24 小时的生活里，我们的心时而天堂，时而地狱，时而饿鬼，时而畜生，轮转不停；我们被自己所造作的痛苦，紧紧地束缚着。这些都是一念三千最好的写照，我们必须努力的是，如何将我们的心拔出于三途的痛苦，而入于佛菩萨的法界之中。

（三）修持方法

1. 三种止观：天台宗最有名的修行方法是三种止观。何谓止观？"止"是停止、止息的意思；指停止一切的心念而住于无念之中，摒除一切的妄想，令生正定的智慧。"观"是观想、贯穿的意思；是止息散乱的妄想之后，进一步观想诸法，以发真智，彻悟诸法实相的本体。止是止息一切诸法妄念，为静态、消极性地不造作，为禅定门。观是观想缘境、观想光明，为动态、积极性地再用功，为智慧门。此两者如车之两轮、鸟之双翼，为求道者修禅发慧之要门。

在忙碌不停的生活里，每一天，我们应该给自己几分钟的时间，安静下来，检讨一天的所作所为。一星期中，能有一天、半天独处的机会，让身心安静下来，对工作做一个全盘的计划。一个月，乃至一年之间，能够拨出几天的工夫来实践止观法门，使我们的人生更上轨道。

佛门里有很多老和尚，修习止观，眼睛一闭，既不看，也不听，甚至粒米不进，然而其乐无穷。这就是修持止观所得的法乐，这种住于真理的快乐，是物质的享受无法望其项背的。

修持止观法门有无限的妙用，其方法有三：

（1）渐次止观：在智者大师的《释禅波罗蜜次第禅门》一书里，对这个修行方法，有详细的记载，有次第引导行者，由浅而深，渐次进入禅定观心的阶次。归纳起来可分为五重次第：①先皈依持戒。②次修学禅定。③向上进入无漏道，脱离三界生死。④修慈悲门以行菩萨道。⑤不忘更修观法，破除空假两边的执着，而证入实相无为道。

（2）不定止观：这是根据智者大师在南京瓦官寺所讲的《六妙门》一书而修习的。它不分别阶位，有时修顿修渐，有时更前更后，有时修真修俗，互浅互深，或事或理，乃适应众生根器而开出的不定止观法门，但是仍然以数息观为最主要的方法。

（3）圆顿止观：是《摩诃止观》所开示的修持法门，这个法门最初以实相为止观的对象，随着解行用力，而到达始终不二、圆融的境地。不同于渐次止观与不定止观的修法，是智者大师晚年在荆州玉泉寺讲说的实践法门，也是大师思想、体验最为成熟的结晶。其修持的次第为发大心、修大行、感大果、裂大网、归大处等。此中所谓的修大行，主要是修学三昧，就是天台另一种修持方法的四种三昧。

2. 四种三昧：《摩诃止观》所教示的法门是最高极致的圆顿止观，书里所说的"修大行"指常坐三昧、常行三昧、半行半坐三昧和非行非坐三昧等四种三昧，这四种三昧是天台实践论中非常重要的行门。何谓三昧？三昧是正定的意思，也就是将善心住于一处而不妄动。以下简单地说明：

第一种叫常坐三昧，又叫一行三昧。以 90 天为一期，专心一意坐禅，口中称念某一尊佛的名号，心意集中一处，而观照真如法性。这个法门所观照的对象——所缘境，与净土宗初祖慧远大师所观照的对象不同。慧远大师是以阿弥陀佛圣像为所缘境，而常坐三昧是以真如法性为所缘境。实践常坐三昧，能够了达迷悟不二、凡圣一如的境界。

第二种叫常行三昧，也是 90 天为一期。90 天中不可以盘坐，更不可以躺卧，只准站立行走，每天 24 小时不停地绕室行走，不能休息。

佛光山有一位法师，曾经两次修持过常行三昧。修行的过程，真是酸甜苦辣，别有一番滋味。他入关半个月后，感觉关房如同冰窖一样，片刻难以安身。我建议他："可以供奉佛像，燃香供养诸佛菩萨加持你。"后来他说清香一烧，满室芬芳，温暖如春，给了他不少力量。又过了一段日子，觉得眼耳鼻舌身，好像被堵塞起来一样，又好像有铁锤在撞打着他，非常难受。他不吃饭，每天只喝一碗米汤。本来修持常行三昧是可以吃饭的，但是他不想吃，因为饮食少，能减低欲望。他最初走路，是每一次走 3 小时，每一天走 3 次。走得太辛苦了，双手可以扶着从天花板垂下来的绳套，稍事休息。一个月以后，每次走路增加到 7 小时，一天仍然走 3 次，也就是一天 24 小时之中都在奋力地行走，这样实践了 2 个月。这种三昧，又叫般舟三昧，是根据《般舟三昧经》的修持方法。

历代高僧大德，因为修持这种三昧而有成就的，不胜枚举。譬如慧远大师依据《般舟三昧经》而成立庐山莲社，净土宗第三祖的承远大师，也是修持这种三昧而有所成就的高僧。修持这种三昧有所成就时，在禅定之中，能清楚地看见十方诸佛站立在自己面前，因此又叫佛立三昧。

第三的半行半坐三昧和第四的非行非坐三昧，都不论时间的长短，或者 7 日或者 20 日为一期，人数也可以 10 人或者更多的人共同修持，是比较适合一般人修行的法门。

除了三种止观、四种三昧，天台宗还有一些修学的方法，譬如"五悔法"：忏悔、劝请、随喜、回向、发愿五种修行法门。这些法门普遍于其他宗派，只是依各宗派见解的不同，五个层次的前后稍有差异。还有"二十五方便"：具五缘、诃五欲、弃五盖、调五事、行五法等。五悔和二十五方便，都是修行禅定的预备工作，是修习观心门的方便入门。还有"十乘观法"，这是摩诃止观的中心思想，依此观法修持，很快就能成就止观的修持，是修持止观中捷径中的捷径。

上面所介绍的天台宗实践法门，大多以修持禅定为中心。除此，另有一种受持法华经典的法门，或者诵念经文，或者礼拜经文，或者刻写经文。在称念经文方面，中国佛教都礼诵整部《妙法莲华经》。日本佛教如日莲宗则只持诵经名，如同称念佛号一样，不断地称念"南无妙法莲华经"。

受持《妙法莲华经》而得到感应的事迹很多，例如慧思大师年轻时，经常一个人在空冢间，诵读《法华经》，由于不明义理，日夜悲泣，唯有面对经卷顶礼不休。后来梦见普贤大士，乘白象来为他摩顶，因此智慧大开，以前不懂的经文含义，顿然能解。隋朝慧威禅师，一心念诵《法华经》，能通鸟语。有人因为诵《法华经》而降伏邪魔、吓跑恶鬼；也有人因为念诵《法华经》而使自己父母超升天道。

以上简单介绍中国八大宗派的特性、内容及修行方法，不论大乘、小乘各宗各派，在教义、修学内容、修持各方面，固然有彼此的风格，但彼此之间不是批判争执，不是你错我对，而是相互的尊重与包容，相互的赞叹与融合，同中存异，异中求同。因此，我们应做到禅净融合、显密融合、大小融合、南北传融合、甚至要将传统与现代融合，共同恪遵佛陀的慈心悲愿，融合五乘十宗，修持三学而圆满佛道。

1977 年 11 月 4 日讲于台北中山堂

当代人修持的态度

古德的清高朴素、忍让、处世、忠孝等各种行谊，
可作为我们修行的榜样。

每一个人都应该从现实苦空无常的世界中，找一个安身立命的理想世界。那么，如何到达理想世界，来实现理想的生活呢？这必须要透过修持和实践，使我们离去痛苦、杂染而得到快乐清净。兹以古德的行为为例，来做我们今日修持的榜样。

古德的行谊

古代高僧大德的行谊有何特殊之处？首先，以历代高僧大德四种处事的态度来说明他们的行谊典范。

一、从清高朴素看古德的行谊

（一）僧稠大师

南北朝的僧稠大师，有一天，齐国的文宣帝特地前来拜访他，

他却坐着不肯到门外迎接，弟子们对他说："今天来的是皇帝，请师父屈驾到门外去迎接一下吧！"僧稠大师听了仍然坐着，连动都不动一下，齐文宣帝并不因此而责怪僧稠大师。

皇帝走了之后，僧稠大师说："不是我喜欢在皇帝面前摆架子，不去迎接他。过去在佛陀时代，有一位宾头卢颇罗堕尊者，因为到门外七步去迎接优填王，致使优填王失国七年，才又恢复王位。我身为人天师范，因此，我不愿出去迎接齐文宣帝而使他损了福德，所以我坐在这里，祈求他国基巩固。"

在泰国，不管你身份如何，只要出家披上袈裟，虽是国王将相，也要对你顶礼致敬；同样，地位尊贵如僧皇的出家人，只要脱去袈裟，也就跟平民一样了。

从僧稠大师不迎接帝王的事迹，以及佛教国家恭敬三宝的行为来看，出家为僧，为人天师范，自有其值得礼敬之处。

（二）道悦禅师

隋朝时，朱粲造反，在他洗劫寺庙之后，不知前面路途如何走，要求道悦禅师带路，道悦禅师坐着不动，朱粲怒斥说："怎么不走？"

"我是比丘，不是带路的人。"

朱粲说："你是比丘，好！"

说着就把手上大刀按在禅师的脖子上，继续说："你要头吗？"

道悦禅师说："头可以不要，但是脚跟是我的根本，我不能改变我的根本。"

道悦禅师不为叛贼引路，正说明僧宝僧格的高尚。

（三）憨山大师

明朝的憨山大师，12 岁出家，19 岁受戒。受戒之后，背上生了严重的疮，医生束手无策，他只好求助于三宝，心中对着佛陀发愿，要虔诵《华严经》十部，希望能忏悔业障，发了愿之后，不可思议，他背上的疮便不治而愈。背痛好了以后，大约有一个月的时间，每天的生活好像梦游一样，对世间的种种荣辱毁誉，都不放在心上，甚至在街上，张着眼睛却看不到人，也看不到房子，这个时候的他，心已经栖息于另外一个世界了。

憨山大师本是住在江南，气候温和，他感到在这样的环境修行，不容易刻苦自励，便到北方寒冷的气候去磨炼自己。到了北方，天气严寒，单薄的衣服难以支持，北方人见了，同情地说："这个出家人好可怜啊！只有这件单薄的衣服，穷得这样子。"憨山大师说："我有二衣一钵，足以抵过万种的富贵。"

古德们视荣华富贵如过眼云烟。同样地，如果我们能对物欲减少一分，我们的人格就能升高一分；我们对世间的情念减少一分，我们的道念就能增加一分。

二、从忍让谦虚看古德的行谊

（一）白隐禅师

有一位白隐禅师，非常有德行，门徒也很多。距离他的寺院不远，有一户开布店的人家，全家都是白隐禅师的信徒。可是他们家的女儿却和一位行为不正的年轻人发生性关系，还没有出嫁就要做妈妈，实在很没有面子，做父亲的一再逼问女儿，到底是和谁造的孽种？女儿生怕一讲出来，他的男朋友会被父亲打死，所以一直不肯讲。后来经不起父亲的一再逼问，她忽然念头一动，爸爸最尊敬白隐禅师，因此就说："爸爸，我肚子里的小孩是跟白隐禅师有的。"爸爸一听，整个人像天崩地裂一般，万万想不到竟有这样的事，白隐禅师是他最敬重的人呀！他怒气冲冲地拿着木棒，找到白隐禅师，不由分说地痛打一顿："你这个坏家伙，你和我女儿做的好事！"

"我和你的女儿什么事啊？"

"哼！你还耍赖！"说着，对白隐禅师又是一顿毒打。

白隐禅师觉得不太对劲，但仔细一想对方的话，明白一些端倪，他心想，这个时候辩论也没有用，而且又是关系着一个女孩子的名节，唉！算了！

小孩呱呱坠地以后，女孩的父亲把小孩抱到寺院一掼，丢给白隐禅师说："这就是你的孽种，还给你！"

从此白隐禅师做了这小孩的保姆，天天带着小孩化缘奶汁，到处遭受辱骂与耻笑："这个坏和尚！""这个不正经的和尚！"但是白隐禅师不论受到如何蹧蹋，仍是默默地抚养这小孩。

在这之前，小姐的男朋友早已吓得逃跑到外地去了，过了好几年，他回来找这位小姐，问起过去的事。小姐说："你这个没心肝的人，你走了，我没有办法，只好说这个小孩是跟白隐禅师有的。"

年轻人一听马上说："你怎么可以诬蔑禅师呢？他也是我的师父。我们真是罪过啊！现在怎么办呢？"

小姐说："只好去向白隐禅师忏悔！"

听了女儿表明事实真相，父母亲心里感到无限懊悔，立刻带着全家大小，向白隐禅师赔罪忏悔。白隐禅师听了以后，也没生气，只简单地说:"这小孩是你们的,你们就抱回去吧!"

受侮辱、受委屈,一点也不辩论,这种修行,实在不容易。我们被人冤枉,受到委屈,没有关系,时间会为我们洗清一切。别人会冤枉我、欺侮我,因果、佛菩萨不会冤枉我、欺侮我。

(二) 慈航菩萨

汐止弥勒内院,有一位肉身不坏的慈航菩萨。他在世时,有一次,说了一段他自己的故事给我听,他说:

> 你看,我这么胖,肚子这么大,人家都笑我像弥勒菩萨,但是我过去并不是这样,身材很瘦的。怎么会胖起来呢? 有一年,我在福州帮忙传戒的戒期,有一次上厕所去解手,匆忙之间,忘了带卫生纸,幸好大陆丛林的厕所一个按着一个,我对旁边的人说:'喂! 你有没有纸?'那个人扬手递过纸来,我顺手一接,发觉竟是这个家伙用过了的,害我捉了一手的大便,我没吭声,谁叫我不带纸呢? 后来戒期结束,我分了八十块银洋,放在包袱里,刚好拿卫生纸给我的那个人在那里,他主动帮我搬行李,后来我发觉银洋少了很多,无可怀疑的,一定是这个家伙动了手脚。那时银洋的价值很大,但是我心里想,钱用完了,还可以再得到,一个人的名节一旦毁了,一生都完了,为了这一点,也不再追究,反过来再拿几个银洋给他。后来这个人买了许多东西,别人怀疑他的钱到底是从哪里来的? 但我一直没有道出这个底细,从此以后,我就胖起来了。

忍耐，是一种阴德，可以增加福报。所以，如果有人欺侮你、冤枉你，不必伤心，要感到欢喜，因为他为你送来了福德。

（三）鸠摩罗什大师

翻译经典的鸠摩罗什大师，他最初跟随盘头达多出家，跟他学习小乘佛法，后来鸠摩罗什习得大乘佛法，盘头达多知道后，反拜他为师，成为大乘小乘互为师父的美谈。

这种以真理为师，不计较名位，互相忍让、谦虚的精神，实在值得我们效法。

三、从处世泰然看古德的行谊

（一）圆瑛法师

佛教开大座的讲经，开始有信徒代表迎请法师，讲完经以后，维那法师会说："打引磬，送法师回寮。"等于国宾离开时，放礼炮送他一样。有一次，圆瑛法师讲经圆满了，维那法师有些紧张，竟然把"打引磬，送法师回寮"，呼成："打法师，送引磬回寮。"圆瑛法师听到维那法师这么一喊，马上回答："不用打，我自己回去。"处世泰然的大师，不论好坏之境，总能一笑置之。

（二）弘一大师

四大高僧之一的弘一大师，对于物质上的生活享受，一向处之泰然。有一次，他的好朋友夏丏尊教授来拜访他，和他一起用餐。餐桌上只有一碟菜，夏丏尊吃了一口，实在难以下咽，又不好意思嫌弃，只好苦着一张脸说："这菜好咸。"

弘一大师面不改色地吃着菜，欢喜地回答："咸也有咸的味道。"

即使是用了几年破烂的毛巾，他还是不愿意汰旧换新，一再婉拒别人的好意，仍是一贯地笑说："还可以用嘛！"床铺爬满了臭虫，换成别人片刻也难安住，但是他却夜夜无忧，一觉到天明。

（三）重显禅师

宋朝的重显禅师，想到浙江的雪窦寺去参学，路途上遇到夙有德望的长者乡亲，他闻知禅师要到浙江雪窦寺参学，就自告奋勇地说："雪窦寺的住持大和尚，和我是相交多年的好友，我写封介绍信给你，你带着信给他，一定会受到礼遇的。"重显禅师感谢长者的好意，带着他的介绍信上路，经过几个月的跋涉，终于到了浙江雪窦寺。

时光匆匆，重显禅师在雪窦寺已有五年了。有一天同乡的长者来拜会住持和尚，谈起此事，探问重显禅师的近况："当时我替他写了介绍信，不知道有没有交给住持和尚？"

住持闻语，十分讶异：

"这个人确实已进禅堂参修，倒是没收到你说的信。"

于是，住持派人把重显禅师找来。同乡的长者问："你为什么没有把我写的介绍信给住持和尚呢？"

重显禅师回答："出家人应是一无所求地随缘参学，介绍信所带来的特别待遇，只会使我生起傲慢，反而阻碍我的修行。因此，我并没有把你的信转呈住持，今日你既已到此，我就把信还给你吧!"重显禅师五年来隐晦自泰,不求闻达,那种磊落洒脱的气度,没有几个人可以与之相比的。他得到住持和尚的欣赏,将管理雪窦寺的重责大任交给他,光大门庭,令禅宗大树法幢,后人尊称他为雪窦重显禅师。

现在的人,都禁不起人情冷暖的考验,也经不起折磨考验,所以从古代大德的行谊看来,我们知道,他们对世间好坏都能处之泰然,也因此才能成为一代大师。

四、从忠孝勇敢看古德的行谊

(一)道楷禅师

宋朝的道楷禅师,他的德行节操也是难能可贵的。有一次,皇帝要赏赐紫袈裟给他,并封号为定照禅师,道楷禅师视功名富贵如浮云,不肯接受。皇上再派开封府尹李孝寿说明皇上奖赏之意,他仍然不肯接受。皇帝生气了,派人去捉拿,使者知道道楷禅师是很忠诚的人,借故问说:"禅师身体有病吧?"

道楷禅师说:"没有。"

使者又说:"只要说有病,就可以不受处罚了。"

道楷禅师说:"我怎么可以说身体不好来欺骗皇上,来获免受罚呢?不可以的。"

对一般人而言,皇帝要颁发奖赏,那是求之不得的事,道楷禅师却保持修道高操的风范,莲池大师曾赞叹道楷禅师:"荣及而辞,人所难也;辞而致罚,受罚而不欺,不曰难中之难乎!"他的清高,以及无欺的勇敢精神,真是令人敬佩不已!

（二）法遇法师

晋朝的法遇法师，侍奉道安大师为师，是位大根器的人，有 400 多人跟随他学习佛法，有一次，有一位游方僧喝了酒，法遇知道以后，只加以处罚而没有迁单开除。道安大师知道这件事，认为犯了佛门严重的戒规，却不严格执行戒法，如何领众竖立法幢？所以立刻准备竹筒，内中装一竹杖，派人送给法遇法师，法遇法师打开竹筒看见竹杖，明白是为了喝酒这件事，远劳师父忧虑，心中惭愧万分，马上敲钟集众，供起香案，自己伏在地上，请维那法师用竹杖鞭打，代替道安大师处罚自己训众不严的过错。

这种事情，若是换了现代的年轻出家人，一定先打碎竹筒，折断竹杖，然后说："这个老家伙，太爱管闲事了。"回想古代大德，他们那种尊师重道，孝敬师长，勇于认错的态度，实在是我们所应学习的地方。

（三）法冲法师

唐朝贞观初年，朝廷下令，凡是不经政府许可而私下度人出家者，判处死刑。有许多私自剃度的出家人，就逃到法冲法师处避难，使得粮食缺乏。法冲法师亲自到县府，请求布施道粮，并说如果要判死刑，他可以顶替众人的罪。官府受到他的勇敢与大义所感动，冒犯法网周济粮食给他。

一般人为了个人的利益，容易生起勇气；但为大众的利益，牺牲自己的生命，这种勇气就会有所计较了。古代大德常常为了大众的利益，为了佛法的延续，表现出勇敢的精神，甚至牺牲生命都在所不惜。

修持态度

上述是古德们的行谊,其次,谈论我们应有的修持态度。

一、在观念上应有的修持态度

在我个人修行或教学的体验中,我认为观念的正确与否,对一切修行或事业,有着重要的影响。正确的观念,好比八正道中的正见,如果观念不正,则无论信仰、求法,甚至做人处事,都有可能失之毫厘,谬以千里。

我认为学佛修持,必须先具备四种观念:

(一)佛教重于寺庙

当今不少佛教徒只知道护持师父,不知道护持教团、护持佛教。出家僧众只知为寺院辛劳,但不知为佛教奉献。佛教与他们好像没有什么关系,所以,到处的寺院都有办法,就是佛教会没有办法。

有一些寺院,非但对佛教提不出贡献,反而成为复兴佛教的累赘。寺院是靠佛教而存在,但现代的佛教却不能因寺院而兴隆。所以我们应该先建立佛教比寺院重要的观念。

(二)大众重于自己

佛教是一个重视大众的宗教,佛陀也常说大众所在才是佛陀慧命之所在。没有大众,就没有佛国。所谓"要成佛道,先结人缘"。这说明了佛教对大众福利的重视；不重视大众，一切就都不是佛法了。

中国大陆上的丛林选任住持时，第一个条件是看他有没有供养心，有供养心的人，才会注意大众的利益。遗憾的是许多佛教徒，只知道自己的拥有，不知道全佛教的前途。所以学佛修持，应先具有的观念是：大众第一，自己第二；佛教第一，寺院第二。

（三）护法重于护人

今日佛教，护法的人少，护师的人多；护佛的人少，护神的人多；护教的人少，护人的人多；护道的人少，护情的人多。到处都以人为中心，不以法为中心。佛法需要的，不易引起大家的注意；师父需要的，信徒争先恐后地护持。遗憾的是有些法师不推动佛教的教育、文化、慈善等事业，只看中自己寺院的利益，甚至只顾个人的利益。佛教的四依："依了义不依不了义，依智不依识，依义不依语，依法不依人。"其中依法不依人，更是佛教徒在观念上首先应该建立的修持态度。

（四）退让重于争取

佛法告诉我们凡事要忍辱，名利之前要退让三分，不幸的是许多人没有学到佛法的退让，仍然一如世法的争取，甚至为了争权夺利，不惜公堂相见。

有一首偈语说："手把青秧插满田，低头便见水中天；六根清净方为道，退步原来是向前。"低了头，就能看见水中天；退了步，就能把秧插满田，这实在是耐人寻味的话。

二、在生活上应有的修持态度

我们不能以物质生活为满足，要进一步探究精神的生活；不能以世乐为乐，应一心以佛法为乐。在生活上，我提出四点应有的修持态度：

（一）精神重于物质

佛教并非不重视衣食住行，生活离不开物质，但是完全生活在物质里，就会被物质所因，所以我们要扩大精神领域，才能超越物质的生活。

后唐的全付禅师，力辞朝廷颁赐的袈裟，使臣奉命再往，他仍推辞说："吾非饰让也，恐后人效吾而逞欲也。"佛教中的大德，精神世界富有了，就不再介意外境物质的有无。像希迁禅师以石头为家、大梅禅师以松子为食、高峰禅师冬夏一衲、大随禅师八十行脚……这些大德不管肉体上怎么困苦，物质上如何贫乏，他们仍然坚持精神胜过一切，这就是学佛修持的受用。

（二）修行重于言说

中国自明清以来，佛教徒大都非常理解佛法，善于谈玄说妙，讲说佛法头头是道。遗憾的是少有实证的功夫，一个对于宗教没有实际体验的人，其言行难免会走样。比方说念佛，曾有过一心不乱的境界？参禅，曾有过心境合一的时际？礼拜，感到庄严的人格升华？诵经，对佛法有大信心，生大尊敬？除了这些形式的修持，对横逆境界有大忍耐，不生退心？对芸芸众生，能慈悲喜舍，毫不悭吝？ 在五欲之前，能去除贪念？ 在气恨之时，能去除瞋心？

说到一丈，不如行到一尺。佛法不是哲学，只供我们谈论，主要是在生活上表现佛法的行持；这些行持是不在言说之间的。

（三）不变重于随缘

佛教里常听到两句话："不变随缘，随缘不变"，不变宗旨而能随缘行道，随缘生活而能不变所宗，这是很好的修行。但是，不变的人养成墨守成规，增加我执法执，反而成为佛法复兴的障碍；随缘的人有了这美好的随缘借口，甚至坏事做尽，也说是随缘。如果随缘俗化，随缘堕落，不如还是坚持佛法的戒律，不变为好。

千余年来，佛法太随顺世间，太肯随缘，到今日已成为社会化的佛法；我们希望的是用佛法化导社会，不可为社会所化。佛法中做人的基本五戒是不变的，四谛十二因缘是不变的，菩萨道的六度是不变的，慈悲心、菩提心是不变的。变，是把坏的变为好的，不是把好的变为坏的。佛教徒主要的课题，是把佛教的本来精神、本来面目，实现在人间社会，千万不可忘记自己的立场，一味地随缘；在随缘中要不变所宗才是最重要的。

（四）法乐重于世乐

信佛学佛，不是为了受苦而来，是为了追寻快乐而来。有些人以为信佛学佛以后，不能吃好的，不能穿好的，五欲不可贪，六尘不可染，进一步还要行布施，学忍辱。其实佛法不是叫我们不要快乐，佛法是重法乐不重世乐，世间欲乐不去一分，佛法法乐就不能增加一分。世乐是短暂的，污染的，信佛学佛的人不知体证法乐，不知从慈悲布施、忍辱行道，以及各种修持法门中体证快乐，实在是非常可惜的事。

在僧团里，许多出家学道的人，远离故乡，抛弃亲人，过着简单的云水或茅蓬的生活，他们正是"吾有法乐，不乐世俗之乐"。不能获得法乐，仍然喜欢世乐的人，在佛法里是不容易生根成长的。

三、在世法上应有的修持态度

人生于世间，不能离开世法，佛法也不能离开世间法，所谓"佛法在世间，不离世间觉；离世求菩提，犹如觅兔角"。那么，在世法里我们应抱持何种的修持态度呢？以下兹提出四点略作说明：

（一）法情重于人情

世法依人情，佛法则不依人情。因为超脱了人情人性，才能有道情佛性。

一位有钱有势的"护师"信徒，想要扶乩跳童，问他的皈依师父："师父，我能扶乩吗？"

师父迎合说："能扶！能扶！"

另一个问："师父，我生性欢喜吃牛肉、羊肉，可以吗？"

师父也说："可以，可以方便！"

"宁教老僧堕地狱，不拿佛法作人情"，宁可穷死、饿死，宁可不建寺院，没有信徒，也不可说出违背佛法的话，做出违背佛法的事。

唐朝的从谏大师，中年出家后就从未回家，过去俗家的孩子长大了，非常思念父亲，希望能见父亲一面，经过多方打听，知道父亲驻锡处，不远千里跋涉，终于找到那所寺院。他从小离开父亲，不知父亲的样子,刚巧一个大和尚开门出来,他问道:"请问大德,从谏师父在吗?"

"你找他做什么?"

"他是我的父亲……"

从谏大师用手一指东边说:"在那边!"

孩子走后,从谏大师把门一关再也不开了。学佛的人,如果每事都在人情里周旋,就会离道很远,唯有把佛法看得比人情重,才能获得佛法的利益。

(二)清淡重于攀缘

人情很浓,修道很淡。学佛修行的人,入门后首先要学习过清淡的生活。

物质生活缺乏,不用太放在心上,要在心上寻找比物质更宝贵的东西;人情生活缺乏,不用太放在心上,要在心上寻找比人情更重要的法情。

不能安于清淡,就不能与佛法相应。大乘佛法里虽有多彩多姿的丰富内容,例如菩萨戴的是宝冠,挂的是璎珞,甚至佛界如琉璃世界、极乐世界都是那么富有,那么堂皇,但是那一切仍是从清淡中去庄严的。

(三)化他重于被化

出家弟子要化他,在家弟子也要化他。一般佛教徒度众的热忱,总不如其他的外教。有一些佛弟子热心化他,但由于自己所信所修不够,不但不能化他,反而被他化去了。所以,本身必须具足信心、定力、辩才、慧解等资粮，才有度化他人的力量。

（四）有道重于有财

依世法而言，人生最重要的是有钱，但在佛法上，人生最重要的是有道。究竟是财重要还是道重要？从人间立场来讲，财也重要，道也重要。佛教如果没有净财，怎么养众和度众？怎么兴教立业？大众如果没有道行，怎么安身立命？怎么超然解脱？可见财和道都重要，不过比较起来，我们学佛修持，仍然是有道重于有财。

一般而言，赚钱的人多，办道的人少，因为在现实的生活里，钱比较重要。但是水、火、盗贼、贪官污吏、不肖子孙等五家共有的钱财，就算拥有它，也是烦恼重重，危险不已。而且，财有用完的时候，道是受用不尽的。

四、在义理上应有的修持态度

我们修持应依法而修，圣言量是我们修行的准则，学佛修行必先通达佛法的基本义理，如有佛法义理作为依据，则所修所行必定不会有什么差错。对于无边的佛法义理，我们应采取什么修持态度呢？兹分四点说明：

（一）融通重于宗派

佛教里有主张专宗修行一门深入的，专宗修行不错，但不能有宗派的争执。不管学禅宗、净土宗或天台宗，所修所学的都是佛法，不要互相非难，应互相尊敬，彼此融通。

有个笑话说，有一位师父两腿患了风湿病，由两个徒弟轮流按摩，大徒弟按摩左腿，小徒弟按摩右腿，每次轮到师兄按摩时，师父就赞美师弟的按摩技术，轮到师弟按摩时，师父又说师兄按摩得怎么好，师兄弟二人每次听了都满肚子不高兴。有一天机会来了，师兄趁师弟外出，就把他按摩的右腿打断，让他回来按摩不到，师父也不会称赞他了；师弟回来一看自己按摩的师父右腿没有了，心想一定是师兄搞的鬼，便把他按摩的左腿也打断。两个徒弟为了互相嫉妒，逞一时之气，师父的两条腿没有了，被害的不是徒弟而是师父呢！

如同修学禅宗的批评念佛的人靠他力没有出息，修学净土宗的人又讥嘲参禅的会走火入魔，各宗派为了自己的教派而歧视别人，损失的还是佛教。

（二）实证重于慧解

修学佛法需要慧解；不重慧解，盲修瞎练是非常危险的。但是光在慧解上着力，在修持实证上没有功夫，慧解也只是知识，和研究哲学差不多，不能获得宗教里的真正利益。

发心修持佛教，必须在生活里受用、实践。例如嘴边常赞美别人，是奉行佛法的言语布施；常体会人我之间的因缘关系，就能悟出众生原是一体不可分的；勤劳服务，看起来是为别人，其实是为自己；感恩恭敬，看起来是对他人，其实受益的是自己。

学佛的人能够行解并重最好，否则做个老实修行的人也不错，千万不可只有世智辩聪，于己无益，对别人也没有帮助。

（三）信仰重于怀疑

佛法有时候从信仰入门，有时候也从怀疑入门。禅宗教育初学者，常常教他们要提起疑情，佛法是不怕怀疑的，但是，如《华严经》所言："佛法大海，唯信能入。"又说："信为道源功德母，长养一切诸善根。"在信仰上培养绝对的肯定，才是契入佛门之道。

佛陀的智慧深广无边，一般浅知浅学的凡夫，对深广无边的佛法都能完全信受奉行，自然不是容易的事，但是信仰而不怀疑，肯定一切而不否定一切，这是对佛法义理应有的态度。

（四）普遍重于神圣

许多人在有意无意间常把佛法义理神秘化，例如孕妇不能诵《金刚经》；家中有死人或女人生产，需将佛像经书遮盖起来。甚至有些寺庙，请购了《大藏经》，将之束之高阁，说是供养不是给人阅读的；佛经太神格化了，这是佛法不能普及的原因。

经典的神圣在于其义理、内涵，非文字本身，借由经书文字而将佛法普遍弘传，深入人心才是最重要的。

古德的清高朴素、忍让、处世、忠孝等各种行谊，可作为我们修行的榜样；明了在观念、生活，及世法、义理上应建立的修持态度，使我们在实践时不致走偏。如此的见贤思齐、解行并重，相信定能安然无碍地进趋佛道。

1976 年 11 月讲于台北艺术馆

奇人的修证

奇人也是人，他们之所以称奇，
是因为具有超乎常人的忍耐、愿力、智慧、慈悲、精进等精神。

在现代社会中，我们时常对各种的奇人异事感到惊讶，以为不可思议，其实，古代的典籍里记载了很多的神奇事物，比现代的玄异之事更引人入胜。我们今天越过千百年的时光隧道，参访这些奇人异事，为的是探索古往今来伟大人物的智慧、愿力，学习他们忍辱、精进的精神力量，而不仅仅止于好奇和兴趣。

什么是"奇人"呢？就是具有大忍耐、大愿力、大智慧、大慈悲，能够了脱生死，断尽烦恼的奇妙之人。他们对于生命意义，常常别有会心；对于生活境遇，总是巧于解脱，他们具有许多与众不同的心灵和气质。以下从六个角度来谈谈佛教里的奇人，并借由他们的修证了解佛教许多微妙玄通的智慧。

一、从忍耐看佛教的奇人

提到"忍耐"，有的人心里会想："我的脾气很好，我待人也很和气，什么挫折我都能忍受，我的忍耐功夫也是不错的！""忍耐"并不只是平常生活的忍受能力，而是指灾难考验来临时，能够忍辱耐烦的自制力。以下举几个佛教里大忍耐的奇人，作为参考。

1. 宋朝的浮山法远禅师，听说北方有一位得道的高僧，就邀天衣义怀禅师等八个人，千里迢迢从南方行脚到北方去参访名师；他们千辛万苦地走过高山峻岭，历经几个月才赶到那所寺院。一行八个人依照规矩进客堂挂单，可是，从早上一直等候到中午，都没有法师出来招呼，几个人又饥又饿，寒冷的风又呼呼地吹，有四个人受不了饥寒，就走了。剩下的支撑到了黄昏，还是没有人理他们，终于又有三个人待不下去，决定走了。到了晚上就剩下法远禅师孤单一人。冰冷的寒风一直灌进来，法远禅师又饿又冷、手脚都冻麻木了，可是，他下定决心，为求佛法绝不退缩。这时来了一位知客法师，很不客气地斥逐他："喂！你为什么还坐在这里？快点走啊！"

法远禅师一动也不动，很恳切地向知客法师表白求法的虔诚。想不到知客法师完全不听他的解释，只是一个劲地斥逐："没有人理睬你，你就应该走了，还啰唆些什么？"

法远禅师丝毫不被知客法师的严词厉色吓阻，依旧端庄地坐着。知客法师看他竟赖着不动，回身捧来一盆水，兜头泼过去，泼得法远禅师一身湿淋淋的，水滴被寒风一吹，便化成了冰，冷冽刺骨，法远禅师却依旧八风不动地端坐着，缓缓说道："大德，我千山万水来此求法，岂是这一盆水就能把我赶走吗？"

各种困难、苛责、侮辱都动摇不了求道热忱的法远禅师，终于如愿地被留了下来，但法远禅师在寺里挂单以后，生活却更难过了，可说是众苦咸集。每天负责煮饭给好几百个人吃饭的法远禅师，看大家生活得这么苦，实在不忍心；有一天，拿了点油掺在锅里，煮咸稀饭给大家吃，大家吃得非常高兴，还取名叫"五味粥"，这件事被当家法师知道后，可不得了，立刻传唤法远禅师来骂："你怎么可以拿常住的油煮饭给大家吃？你这么会做人情？赔油！赔常住的油！"

法远禅师合十答道："我没有钱赔啊！"

"没钱赔？把你的袈裟、棉被、铺盖留下来赔偿！"

法远禅师凑齐所有的衣物赔偿还不算，又被赶出山门，两手空空，什么都没有了。这时的法远禅师，一心不乱静静地在山门外打坐，不顾风吹雨淋，不退初心的等待机会再进去挂单求法。这样熬了半个月之后，寺里的住持才发现有一个人寂守在长廊上，仔细一看，竟是因添油下菜被迁单开除的法远禅师，便走过去责问："你怎么还坐在这里不走啊？你坐多久了？"

禅师恭恭敬敬地答："半个月了。"

住持一听，立刻借题发挥："什么？你白白在这住半个月了？算房租！算房租！"

这时的法远禅师已经身无分文了，哪里有钱付房租？只好到处诵经来还债，虽然艰苦备尝，但是修学佛法的愿心却始终不放弃。住持看到法远禅师能经得起火煎冰冻的考验，法性具足，这才立刻升座，请法远禅师接掌住持职位。法远禅师深明"心是怨家，常欺误人"的妄境，忍了又忍，终于能戒瞋除垢，如法成道，达成《法句经》里"舍弃忿怒，灭除慢心，超越一切束缚，不执着心和物；无一物者，苦恼不相随"的境界。

2. 西藏的密勒日巴尊者，也是借助大忍耐、大精进而修持正法。年轻时的密勒日巴，因为修持密宗的咒术黑业，不用在正途，后来悔改知错后，就不远千里礼拜马尔巴上师学道；上师因为他的根习未净，为拔除往昔所造罪业，再三应机度化，在生活里锤炼他的忍辱心性。当密勒日巴拿着经书到佛堂里准备持诵时，上师就挥赶斥逐他："你的书拿到外面去！我的护法神嗅了你的邪书气，会打喷嚏的！"

密勒日巴立刻觉得羞惭，心想："上师大概知道我的书里有咒术和诛法吧，我今后决不能再使术造孽了！"

为了供养师父，密勒日巴四处化缘，好不容易讨来 21 升麦子，他用 14 升麦子买了一个崭新的大铜灯，再把剩下来的麦子装在自己做的皮口袋里，捆在铜灯上，一路万分吃力地背回来。满满一口袋的麦子极重，铜灯也压曲了肩，好不容易背到上师住宅前，已经疲惫不堪了，扑通一声，把东西从背上卸下来，落地太重，把房子都震动了。上师出来一看，立刻申斥说："这个小子，气力倒真不小啊！你是不是想把我的房子弄倒，压死我啊？真可恶！把口袋拿出去！"

一面责备，一面还抬起脚踢他。密勒日巴只好把麦子拿到外面，心里暗想："这位上师真不好惹，以后总得好好地谨慎侍候才是！"

像这样借题发挥的责难，几乎无日未有；严苛无情地劳其筋骨，空乏其身，在动心忍性间启迪密勒日巴的法性，一直到历经种种挫辱鞭策，终于得到心传正法后，马尔巴上师才和颜以对，师徒两人抱头痛哭一场。密勒日巴所证得的无上妙谛，就是在这样一次又一次的非难与挫辱中成就的。

所以，刻骨铭心的要求，是诸佛菩萨的慈悲；而能够吃得苦中苦的人，才能直证菩提，求成佛道。

佛教所讲的忍耐，不仅要忍合情合理的责求，忍一时一地的折磨，更要忍受悖情逆理的误解，把忍耐当作诸佛菩萨的慈悲教诲、福报修持，在其中肯定自我的道德人格，肯定真理正义终必水落石出的信念。我过去修行学道的时候，也曾受到各种试探、磨炼，虽然跟这些前辈比起来，是百分不及一、千万分不及一的，但是已经使我感受到"至艰至苦的磨炼，是为了至深至久的幸福"的意义，也训练了我"千磨百劫犹坚韧，任尔东西南北风"的态度；可以说我今天的一切所学所能，都是吃种种苦、耐样样劳而磨炼出来的。

3. 金山寺的妙善禅师，世称"金山活佛"，是现代人，1933 年在缅甸圆寂。他行迹神异，又慈悲喜舍，到今天还流传着许多他难行能行、难忍能忍的奇事。

在金山寺旁的一条小街上，住了一个贫穷老婆婆，与独生子相依为命，偏偏这儿子忤逆凶横，不时打骂亲生母亲。妙善禅师知道此事后，生起了悲悯心，便常常去探望老婆婆，为她说些因果轮回的道理。那个逆子非常厌恶这个和尚常来家里，有一天起了恶念，悄悄拿着粪桶躲在门外，一等妙善禅师走出来，就不声不响地把粪桶朝禅师兜头一盖，刹那间腥臭污秽的粪尿淋满了禅师全身，一时轰动了半条街，大家赶来看热闹……妙善禅师却不气不怒，一直顶着马桶跑到金山寺前的河边，才缓缓把马桶取下来。旁观的人看到他的狼狈相，更加哄然大笑，妙善禅师毫无在意地说："这有什么可笑的？人身本来就是众秽所集的大粪桶，大粪桶上面加个小粪桶，有什么值得大惊小怪的呢？"

有人问他："和尚，你觉得难过吗？"

妙善禅师说："我一点也不难过，老婆婆的儿子对我慈悲，给我醍醐灌顶，我心里正觉自在哩！"

受苦受辱到这种地步，还能一心不乱地离妄去瞋，妙善禅师的心胸是何等高超！后来那个忤逆儿子觉悟了，来向禅师谢罪忏悔，金山活佛欢喜地向他开示："父母养育之恩山高海深，佛陀说：'若人百年之中左肩担父，右肩担母，于上大小便利，极世珍奇衣食供养，犹不能报须臾之恩。'父母养大你，费了多少心血精神，你不能让母亲时时欢喜安乐，反而打骂犯上，如此不孝，何以为人？"那个逆子听了，衷心悔悟，跪在活佛面前，痛哭流涕地忏悔道："我真该死！我真该死！"

受了活佛的感化，那个逆子从此痛改前非，竟以孝名闻声乡里。后来母子两人皈依佛门，受持斋戒，一起做了佛门弟子。

佛教相信"以争止争，终不能止，唯有能忍，方能止争"，像金山活佛这种忍耐，是勇于牺牲的精神，不是软弱的行为，所谓"舍恚行道，忍辱最强"，它的力量之大、功德之多，是布施、持戒所不及的。

古诗说："从来硬弩弦先断，每见钢刀口易伤；惹祸只因闲口舌，招愆多为狠心肠。"太刚则折，以暴乱、武力为处世态度，很容易遭受到伤害、毁坏。拿我们的牙齿与舌头来比喻，坚硬的牙齿未老先落，而柔软的舌头却伴随我们至死，可见刚强刚愎不一定长久，柔和柔顺不一定软弱。像寒山子的诗："人来谤我我何伤？且忍三分也无妨；却为儿孙榜样计，只从柔处不从刚。"可见忍耐是潜移默化的功夫，能忍一时之辱，便能夷灭自己一时之戾气；能修一世的忍耐，便能默化他人一世的顽冥。

百炼钢之所以能化成绕指柔，全凭"忍"字一诀。从浮山法远禅师、密勒日巴尊者和金山活佛忍辱的事迹中，应能得到很好的启示。

二、从愿力看佛教的奇人

所谓"愿力"，是为了实现人生崇高的目标及理想，不惜牺牲奉献的一种大无畏的力量。身为佛弟子，最大的愿力就是绍续诸佛慧命，担负如来家业，使众生都能苦海得度。佛教的奇人，他们所抱持的愿力是：以大慈悲度众为愿——是为大我、公义而发下弘愿，不是为了满足一己之私利而发愿。以大无畏精神为力——这种力是"虽千万人吾往矣"的精神力，不是诉诸意气的蛮力。

结合大愿心和大无畏所形成的力量，是"精诚所至，金石为开"，没有达不到的理想，办不成的事业。以下是结合此愿心和力量的例子：

1. 唐朝的鉴真大师是江苏扬州人，饱读经论，弘扬佛法不遗余力，深为当时士民所重。那时有两名日本僧人荣叡、普照，久仰鉴真大师的盛名，特地渡海来请大师前往日本弘法。大师为了使佛法的甘霖能普沾天下苍生，便欣然应允。许多弟子劝他不要贸然前往，以免遭遇不测。鉴真大师说："为大事也，何惜生命！"坚持前往日本弘法。

但是，一次又一次地阻碍，几度扬帆历经千辛万苦，一路上困难重重，不但未能达成佛法东传日本的愿心，反而因局困海中孤岛两年，导致双目失明。然而，再大的艰难困苦，终不能遏阻大师远渡重洋的愿心，他内心深觉弘扬佛法于海外的事业"舍我其谁"，因此愈挫愈勇，再接再厉。经过 12 年的艰苦备尝，终于在第 6 次的航行后圆满实现。

鉴真大师为这个荒陬野岛带来了宗教、文学、医理、建筑、服饰、美术、工艺、蔬果、文物制度等种子，散播在东瀛三岛的土地里，使日本初民能亲炙大唐文化，普沾法喜。鉴真大师为了弘法异域的悲愿，不惜与顽民周旋，在误解中忍辱，在逆境中精进，甚至奉献自己的器身，用大无畏的精神来导航，以佛陀慈悲的愿心作依靠，终于完成了启导日本文明的弘法家业。

所以，真正的愿力是不受时间、空间的限制，它会在忍辱、持戒中萌芽，在慈悲、精进中结成奇花妙果。

2. 唐朝的玄奘大师，一生殚精竭虑于佛经的传译事业，亲自跋涉瀚海，攀越峻岭往西方取经。其绍隆佛种、光大佛法的弘愿，不曾因路途遥远、时日漫长而稍息。当他身陷荒地沙漠，命在垂危之际，还咬紧牙关地发愿："宁向西天一步死，不回东土一步生。"这种为佛法献身的大愿，终于使他平安地从印度取经回国，承续佛陀的慧命光辉，让中国佛教从此开花结果。我们常说佛教的四大精神是"悲、智、愿、行"，地藏菩萨怜恤地狱众生的煎熬辛苦，发下"地狱不空，誓不成佛"、"众生度尽，方证菩提"的悲愿，这种大愿已包含了大悲、大智、大行的精神。所以，我们从愿力来看佛教的奇人，不仅只看愿的大小，更要体会古德先圣们愿心的崇高伟大，他们的"奇异"之处，正奇在此中。

三、从智慧看佛教的奇人

在佛教里，不仅 80 岁的老禅师、老和尚具有奇人异事，有时候连 10 岁的小沙弥也令人称奇，7 岁的均头沙弥证得阿罗汉果，就是极好的例子。以下另举几例来说明奇人的智慧。

1. 从前有两国交战，甲国向乙国下战书，限对方数日之内回答 8 个问题，如果能圆满答复，甲国便俯首称臣，如果答不出来，表示这个国家没有智慧之士，不足以立国。乙国的君臣，对 8 个难题百思不得其解，眼见大难将至，国王急得像热锅上的蚂蚁，只好向全国百姓张贴布告，谁能解答这 8 个问题，就封他高官爵，赐他厚俸禄。一天天过去，眼看期限将至，还是没有人出面，到了最后一天，有个老禅师游方而来，看到告示上的 8 个难题，抚掌大笑，撕下告示，来到国王的面前说："这些问题太简单了，我能解答。"这 8 个问题是：

（1）什么水比海水多？老禅师说："一杯法水比海水多。"一杯水浇在枯萎的花草上，花草得到及时灌溉，可以欣欣向荣，这杯水就是甘霖；一杯水给一个焦渴的人喝，他的咽喉内脏得以滋养，可以活命保身，这杯水即是甘泉；佛法的喜水洒在绝望、痛苦的心田，润泽他枯涸的心灵，使他获得新生，发挥智慧，贡献大众。一勺法水，便是胜于大海汪洋的甘露。

（2）什么人最美？有慈悲心的人最美。衣饰容貌的美是短暂的，人有老的时候，衣服有破旧的时候，只有慈悲心亘古常新。慈悲为怀的人能够化恶境为善缘，化假意为真情，化腐朽为神奇，使周围的人一起感受到社会的温暖，人情的芳香。

（3）什么人最富？布施的人最富有。因为行布施的人有喜舍心，能够知足常乐，布施出去的是有限有相的财富，却能获得无限无形的心宝。所以说，布施的人最富有。

（4）什么人最穷？贪欲悭吝的人最穷。因为悭吝的人永远不能满足，欲求多则多苦，苦则不乐，心里像不毛之地，长不出欢喜的妙果。所以，物质的贫不算贫，心里的贫才是大贫。

（5）双马如何分母女？两只身高、重量、毛色完全一样的马，如何分别哪一匹是母马？哪一匹是小马呢？禅师说："放一堆草在地上，看看哪一匹马让另一匹马先吃？让的是母马，吃的是小马。因为畜生也懂得亲情，母马一定慈爱它的小马，让小马先吃。"

（6）双蛇如何分雌雄？两条蛇，一样颜色、大小，如何区分雄雌呢？老禅师巧妙地解答这个问题："弄一张网来，把蛇兜进去，公蛇一定非常着急，要找出口保护母蛇逃生，母蛇则会静静地卧在网里不动。由此可以知道哪条是公蛇，哪条是母蛇。"

（7）什么力量最大？老禅师说："忍辱的力量最大。"寒山子有一首诗："瞋是心中火，能烧功德林；欲行菩萨道，忍辱护真心。"忍辱的力量可以化贪瞋为欢喜，化困厄为平顺；忍辱的力量是沛然莫之能御的。

（8）什么人最不自由？也许有人会认为关在监狱里的人最不自由，事实上最不自由的是犯罪而不为人知的人，他虽然没有被绳之以法，关到监狱里，可是，他不管走路、吃饭，时时刻刻心里总有挂碍，日夜受到良知的谴责，死困在暗无天日的"心狱"里；这种良心不安的人，才是最不自由的人。

老禅师的智慧解救了这个国家的兵燹，使老百姓免于战火的蹂躏，所以，智慧能够化干戈为玉帛，化暴戾为祥和。

2. 在佛教里，还有一位聪明的那先比丘，从他智慧流露的事迹中，可知他是一个很了不起的奇人。有一次，弥兰陀王故意非难那先比丘，诘责他说："你跟佛陀不是同一个时代，也没有见过释迦牟尼佛，怎么知道有没有佛陀这个人？"

聪明的那先比丘反问他："大王，您的王位是谁传给您的呢？"

"我父亲传给我的。"

"父亲的王位是谁传给他的？"

"祖父。"

"祖父的王位又是谁的？"

"曾祖父。"

那先比丘继续问："这样一代一代往上追溯，您相不相信您的国家有一个开国君主呢？"

弥兰陀王正容回答："我当然相信！"

"您见过他吗？"

"没有见过。"

那先比丘又问："没有见过怎能相信呢？"

"我们的开国君主制定了典章、制度、律法，这些都是有历史记载的；我虽然没有见过他，但是，我相信他一定存在的。"

那先比丘微笑颔首说："我们相信佛陀确有其人，因为佛教也有佛、法、僧，有经、律、论，有佛陀所制定的戒律和历史事迹，他决不是虚构不实的人物，这个道理与你们有开国君主是相同的。"

弥兰陀王无法借此非难那先比丘，动了脑筋又想到另一个难题，他问："你们佛教徒常常讲：'人生第一快乐就是证悟涅槃，达到不生不死不灭的境界。'那先比丘，你已经证悟涅槃了吗？"

那先比丘谦恭合十道："惭愧，还没有。"

弥兰陀王得意地问："既然没有证验过，你怎么知道有涅槃的境界呢?"

那先比丘不直接回答,反问弥兰陀王:"大王,假如现在我拿一把大刀把您的膀子砍掉,你痛不痛啊?"

弥兰陀王变色说:"当然痛!哪有膀子砍断了不痛的!"

那先比丘追问:"您的膀子又没有被人砍断过,您怎么知道痛呢?"

弥兰陀王答:"我看过别人被砍断膀子的痛苦情状,我当然知道痛啊!"

那先比丘微笑致意道:"大王,我也同样地看过别人证悟涅槃时的快乐,所以我知道涅槃境界的美妙啊!"

弥兰陀王这个疑难又再次被驳倒,他还是不服,绞尽脑汁第三次发问:"你们出家人以慈悲为怀,你怎么去原谅你的仇敌呢?"

那先比丘开颜笑了:"大王,如果您的腿上长了一个脓血疮,您会把腿砍掉吗?"

"不会!"

"那么,大王您怎么办呢?"

"我会细心地清洗它,为它敷药,时间久了,疮就好了。"

那先比丘说:"是的,仇敌、坏人就像一个脓疮,不去照顾、医疗,就会蔓延恶化,所以必须用法水去清洗,使他们弃邪归正,改过自新,这个跟大王您护持腿上的脓疮是同样的道理。"

弥兰陀王点头称善,他想一想又计上心来:"你们常常劝人要修来生福,你们既没有经历过死亡,怎么知道人死之后还有来生呢?"

那先比丘和蔼地回答:"这好比甜橙,果实成熟了掉在地上,果肉腐烂了，可是种子却埋在土壤里，等到时机成熟，就会萌芽、成长，茁壮为一棵甜橙树。人的身体只是四大暂时的假合，等到幻境破灭，躯体也就死亡了，可是业识却能不断生死流转，好像甜橙的种子在六道轮回中生生不息；不止有一个来生复苏，而且有无限个来生。"

弥兰陀王心有不甘，又提出第五个问题来质疑，一个比一个更难回答，但是那先比丘智识过人，胸有成竹，依旧微笑着一一开示。

3. 佛教里类似的智慧，经典卷帙间俯拾即是。有名的一休禅师，就具有在谈笑间旋乾转坤的菩提心量。有一天，一位信徒向一休禅师告辞："师父，我不想活了，我要自杀。"

禅师问："活得好好的，为什么要寻短见呢？"

"师父，您不知道，我经商失败，现在债台高筑，被债主们逼得无路可走，我没有办法应付，只有一死了之啊！"

"难道一定要死才能解决吗？没有别的路可走吗？"

"没有了！我家里只有一个幼小的女儿，我已山穷水尽别无生机了。"

禅师灵光乍现："我有办法了！"

信徒急问："师父，您有什么办法？"

"只要你把女儿嫁给我，我做你的女婿，问题就解决了。"

信徒大惊失色："这……这……这简直是开玩笑！您是我师父，怎能做我的女婿？"

一休禅师胸有成竹地挥挥手说："要帮助你解决问题啊！你赶快回去宣布这件事，到迎亲那天，我就到你家里做你的女婿。"

这位信徒素来十分虔信一休禅师的智慧，回家后立刻宣布：某月某日，一休禅师要到家里来做他的女婿。这个消息一传出去，立刻轰动全城。到了迎亲那天，看热闹的人把商人家里挤得水泄不通，争着一睹这件奇事。一休禅师安步当车抵达后，什么话也不说，只吩咐在门口摆一张桌子，上置文房四宝，围观的人更觉稀奇，一个个屏气凝神准备看好戏。一休禅师安安稳稳坐下来，轻松自在地写起书法，不一会儿工夫就摆了一桌的楹联书画，大家看一休禅师的字写得好，争相欣赏，反而忘了今天到底来做什么。结果，禅师的字画不到一刻钟就被抢购一空，卖书画的钱堆成了小山一样高。

禅师问这位信徒说："这些钱够还债了吗？"

信徒欢喜得连连叩首："够了！师父您真是神通广大，一下子就变出这么多钱！"

一休禅师拂拂两袖说："好啦！问题解决了，我也不做女婿了，还是做你的师父吧！再见！"

又有一天，一位将军下帖子请一休禅师到家里供养，禅师一向不修边幅，如同平常一般的穿着就去赴约了。守门的卫士看到他，连声怒喝："哪里来的疯疯癫癫的和尚，走开！走开！"

禅师忙说："你家主人请我来吃饭的，你怎么赶我走开？"

守门的卫士白眼一翻："胡说！我家主人怎么会请你这种和尚吃饭？他今天请的是庄严伟大的一休禅师，你也不照照镜子？快走！快走！"

一休禅师被挡驾，只好回转去换了一身庄严的法服，再度来到将军府前。卫士看到一休禅师穿着那么庄严，连忙毕恭毕敬地礼请入内。开席后，禅师坐在丰盛的筵席上，将一盘盘的菜一一夹进衣服袖子里。将军心里十分惊诧，以为禅师要留藏菜肴回去吃，当着众人颇觉难堪，就低声暗示禅师："师父，席上这么多人，不好看……等客人走了，我再多办些菜让您带回去好了……"

禅师淡淡地说："你不是请我吃饭，是请我的衣服吃饭呀！我人到了，不能进来；要穿上这件衣服，才能进来，这不是请衣服吃饭吗？"说完，把衣服留在席上，自己穿着破烂的僧衣回去了。

当今社会上，不是也有很多人只敬衣冠不敬人，只问权势不问操守的吗？一休禅师的智慧随缘随化，无论机锋相对，或平实接众，都显现无上的智慧，更具有高瞻远瞩的功力。

有一个非常富有的信徒，请一休禅师到他家里参观他收藏的古董精品，参观之后，富翁请禅师评价一下。一休禅师说："你这些东西都很平凡，我寺里有 1 万年之久的盆，5 000 年之久的碗，那才是真正价值连城、无与伦比的！"

富翁一听，高兴得不得了，立刻问："有这样的宝物啊！师父，快开个价钱，我通通买了！"

禅师想了想说："你要真喜欢的话，我也可以割爱，只算你 3 000 两银子好了。"

富翁大喜过望，立刻叫家人捧出 3 000 两纹银奉上，说："这银子您先收下，明天我就到寺院里取那些宝贝回来。"

隔天富翁来寺里取宝物时，一休禅师吩咐侍者：

"带这位居士到后院去，那里所有的盆子、碗啦都是他的。"

富翁喜滋滋地来到后院一看，哪有什么宝贝？只有一个猫喝水的碗，一个狗吃饭的盆。富翁面如土色，气呼呼地跟禅师理论："一个狗盆，一个猫碗，哪里就能值 3 000 两银子呢？"

一休禅师大笑：“岂只值 3 000 两？3 万两以上的价格我都不肯卖呢，你如今能买到这两样宝物，还算你的福气呢！”

富翁一听，无可奈何，只得怏怏然回去，内心懊悔不已。不久，传出了富翁布施 3 000 两银子的盛事，一夜之间，这富翁受到众人的赞叹、崇敬，成了慈悲的象征。这时候富翁才明白：一休禅师是在教他为富不可不仁的道理，他用 3 000 两银子买来的，不是猫碗、狗盆，而是慈心、高义，这个大功德哪里是区区几千两银子的价值所能比拟？

一休禅师运用他的智慧去救人、教人、度人，可以起死回生，化衣冠为正见，转悭吝为布施。连日常生活中的一件衣服、一样小小的笔墨、一对肮脏的狗盆、猫碗都可以用来说法，他的大智大慧岂是我们所能衡量的？而这些大智大慧都源自佛教的诸佛菩萨，又岂是我们所能轻忽怠忘的？

四、从慈悲看佛教的奇人

佛教里有很多大慈悲者，他们看到众生受苦，就像自己受苦一样，为了救众生脱离苦境，不惜献身殉道，这种“履行仁慈，博爱济众”的精神，创造了中国佛教的许多奇人异事。

1. 金山活佛为人治病，如果病人生的是疮包，他就不嫌肮脏地用嘴巴在疮包上舔吸，舔吸出来的一大堆脓血，还往肚子里吞下去，以免病人看了恶心呕吐，这种“能为甚难稀有之事”的行为，正是使人感动流泪的慈悲精神。

2. 日本的空也和尚，有一天晚上正在打坐的时候，突然闯进来一个凶神恶煞般的强盗，提着一口寒光闪闪的钢刀，威胁空也和尚把钱财交出来，空也和尚翻箱倒箧把所有的东西都给了对方，两眼潸潸流下泪水。强盗看了泪眼滂沱的老禅师，不屑地说："你这个和尚太没有出息了，你们出家人早已看破世间的一切，一点钱财算得了什么，值得如丧考妣般哭泣！"

"我不是为自己失去钱财而伤心落泪，而是为你而哭啊！"老禅师继续说："你杀人劫财，种下轮转恶趣的种子，我是为你即将堕入地狱受无量的苦而忧心痛哭啊！"

佛经上说："菩萨畏因，众生畏果。"凡夫愚痴只贪图眼前不当的享受，不顾果报的痛苦，好比看到剑上涂了一层蜂蜜，赶忙张口去舔，虽吃到了蜜，但是舌头也割破了。菩萨能以无限的智慧，洞察五欲六尘的享乐即是未来鼎镬之苦的根源，因此以无尽的悲心，方便利导众生舍弃短暂虚幻的欲乐，转而追求无上的涅槃之乐。

有一位常啼菩萨，看到众生在恶世中头出头没，饱受贫穷、老病、忧苦的煎熬，如同自己身历其境，因此常为众生悲泣不已。空也和尚的眼泪流露出多少菩萨对众生的关切，含藏多少菩萨对众生的哀矜。

3. 晋朝僧群禅师，一生淡泊名利，隐居于霍山，茅茨土阶，蔬食淡饭，安贫守道。霍山孤立大海之中，山顶上有一石盂，深有 6～7 米，清泉从中汩汩流出，芳香甘洌，如饮甘露琼浆，僧群禅师每日饮水充饥，不食粒米。从僧群禅师住的草庵到石盂之间，横梗着一条清澈的溪涧，禅师于是在溪上搭建一座木桥，每天往返汲水充饥。

有一天当禅师如往日般提着水囊，过桥去汲水的时候，忽然看到一只折断翅膀的鸭子栖息在窄小的桥上，看到禅师走来，伸长着脖子表示抗拒。禅师看到鸭子挡住了去路，本来想以锡杖赶走它，可是又担心伤及鸭子，只好提着空水囊，空腹而归。第二天去汲水，鸭子仍然站立在桥头上，昂首逍遥，毫不畏惧。禅师不得已只好忍着辘辘饥肠折回庵中，天明再去，鸭子还是不离去。如此过了数日，禅师为了怕惊吓到鸭子，连日滴水未进，终于干渴而死。

古德这种"但愿众生得离苦，不为自己求安乐"的牺牲精神，正是佛陀慈悲襟怀的高度表现。

4. 魏晋时代法进法师，智慧慈悲具足，深得朝野上下的爱戴。有一次地方流年不利闹饥荒，饿殍遍野，状极凄惨。法进法师于是斋戒净身，拿着刀、盐到饥饿人家聚集的深山石窟之中，对着面黄肌瘦的灾民传授三皈依，然后将衣钵挂于树枒上，慈祥地对大家说："今天我要将生命供养给各位，请各位割取我身上的肉聊以充饥吧！"

看到平日最为敬重的师父要舍身救自己，人人踯躅不敢动手，法进只好拿起刀子割下自己的肉，掺和着食盐，端给大家食用。灾民们耐不住饥饿的煎熬，不得已含着泪水吞下法进法师的净肉。法进法师为了救活更多的众生，不畏痛楚，且无限欢喜地奉献了自己的性命。

当初佛陀在因位修行时，也曾经割肉喂鹰，舍身饲虎，完成了难行能行、难忍能忍的菩萨道。在菩萨看来，众生与自己一体，慈济众生就是完成自己的佛道。一切佛菩萨皆因众生而发大悲心，因发大悲心而长养菩提，因此众生是我们实践菩萨道的道场，有了慈悲心，众生所加诸自己身上的一切磨难、困厄，都是醍醐甘露了。

五、从神异看佛教的奇人

佛教里的许多禅师大德，可说是奇中有奇、无奇不有，而诸般奇异，都是应机示化，为去除世人的瞋恚愚痴而神之玄之。

1. 有一位飞锡禅师，本名叫邓隐峰，为何称他为"飞锡禅师"？据说有一次，他看到两国的军队打仗，弄得老百姓民不聊生，他劝双方放下干戈不要再争战，可是刀兵无情，谁肯听一个出家人的话？不得已，邓隐峰禅师把锡杖往空中一抛，自己也随之在天空中飞舞。鏖战激烈的兵士看到半空中有个和尚飞来飞去，都啧啧称奇。不觉停手看他飞舞，看得发愣了，忘了争战打仗。从此得了"飞锡禅师"的封号。

2.《高僧传》里，记载普化和尚的一段故事——

某天，他到处向人化缘："我要化一件衣服，化一件衣服穿噢！"

信徒们听他这么说，这个也做一件衣服给他，那个也做一件衣服给他。他看了，却皱皱眉头两手一推说："这个我不要！那个我不要！"

"您不是要衣服吗？现在衣服给了您，怎么又不要呢？"

信徒们摸不着头绪，普化和尚还是到处说："我要衣服！我要衣服！"

临济禅师知道了，就送给他一口棺材，普化和尚高高兴兴地说："我有衣服了！我有衣服了！临济禅师知道我的心，如今有衣服穿了，我可以走了！"于是，又到处传告："各位，我明天要死了，我要在东门坐化。"

大家听了很好奇，一大早赶到东门去看热闹，果然看到他抬着一口棺材向东门走来，到了东门，他张望了一番，跟大家说："你们这么多人看我死，真不方便，我今天不死了，明天到南门再死。"

第二天，到了南门，还是一样人山人海，他又皱起眉头："南门这么多人，我不要死，明天到西门去死。"

隔天到了西门，人还是不少，普化和尚又抱怨："众目睽睽之下，死得不自在，等明天去北门，没人观看的时候我才死。"

看热闹的民众再三失望，心里想："我们给这个疯疯癫癫的和尚欺骗了，哪里有人说死就死？他跟我们开玩笑的，明天不去北门了！"

隔一天，普化和尚抬着棺材到了北门，看看四周："好清静噢！现在不死更待何时？"说着，跳进棺材就死了。

这件消息传出去，大家争相赶来观看，一个个抱怨着："可惜啊！没有看到他死。"

众人受好奇心驱使，想看看他死了以后究竟是什么模样，就合力把棺材打开，不料棺材里却空空如也，什么都没有，只隐隐约约听到空中传来阵阵念佛的声音……普化和尚化的缘不是衣缘，而是生死；一件衣服穿脱起来很容易，生死这件衣服，却往往是该穿的时候不肯穿，该脱的时候不肯脱。普化和尚妙想天开化缘，其实是对生死的了脱自如。

六、从精进看佛教的奇人

最后谈佛教里勤修精进的奇人。

懒融禅师是一个最好的例子，他用功的程度是我们现代人无法企及的。懒融禅师看书时，肚子饿了，就随手抓起一块番薯，一面啃一面继续读书，还吃得津津有味，旁边的弟子看到了，大吃一惊，叫道："师父！您怎么吃石头？"

懒融一看，果然是石头，随即毫不在乎地回答："石头也好吃，石头也好吃！"

他诵经更是专注，绵绵密密几乎诵到天女散花、溪声说法的境界，弟子们看他诵得凝神入定，连鼻涕悠悠地流下来都不知不觉，就提醒他："师父，您的鼻涕快流到嘴里了！"

他连眼皮都不抬地说："我没有时间为了你们这些俗人擦鼻涕。"

一叶落而知秋，我们可以从懒融禅师精进的功力，了解佛教神奇境界的一面，那不只是精神上的忘我、升华，也不只是愿力的锤炼、凝聚，更是千古身命的移情化性、脱胎换骨。

奇人也是人，他们之所以称奇，是因为具有超乎常人的忍耐、愿力、智慧、慈悲、精进等精神。如果在日常生活里，我们能常行常觉，时时洁身慎言，事事守摄本心，体现佛法中的道念正觉，则人人都可以成为佛教的现代奇人了。

1983 年 11 月讲于嘉义商职大礼堂

伟大的佛陀

我们认识了人间的佛陀，
才能慢慢认识自己心里的佛陀，
认识了心里的佛陀，
自能豁然认识法身的佛陀。

我们做人儿女的，一定认识自己的父母。身为一个佛弟子，对佛陀能不认识吗？看到佛像就是认识了佛陀吗？当然不是。做一个佛弟子，对真正的佛陀不认识，是很遗憾的。有一首偈子："佛在世时我沉沦，佛灭度后我出生；忏悔此身多业障，不见如来金色身。"可说是现在佛弟子共同的心情写照。

或许有人认为佛是一位来无影、去无踪、神通广大、本领高强的神仙。或许也有人想佛陀大慈大悲，向他祈求什么就有什么，真是如此吗？我们平时看到佛陀趺坐莲台上，沉静安详，不多言语，对我们不批评，不计较，也不责备，大家都觉得他很好，于是心悦诚服地顶礼他。假如佛陀常常指示我们："这个不可以"、"那个不是这样"，可能大家就不会喜欢佛陀了。以下列举的十个问题可以帮助我们认识佛陀的本来面目。

一、佛陀会生气吗？

凡人很容易生气，佛陀是不是也会生气呢？佛陀当然会生气，只是佛陀的生气，跟一般人的生气不一样。我们生气，是因为别人欺负我，阻碍我，为了保卫自己，所以会生气。佛陀不是，我们对佛陀不好，佛陀不会计较，但是我们对待别人不好，佛陀就会生气了。

有一次，佛陀带领一群比丘弟子出外弘法，弟子中有性情急躁的，也有迟缓的。到达休息处所，急性的弟子抢先把床位占用了，还说道："这是我的！""那是我的！"所有的床位都被占满了，首座弟子舍利弗尊者没有地方睡，只好在屋外经行。佛陀看见便上前垂询："舍利弗，这么晚不睡觉，在庭院走来走去做什么呢？"舍利弗尊者据实回答："人多，床位少，初学比丘都想找个床位休息，我就让他们。"佛陀听后非常生气，连夜集合大众，开示对于长老应有的尊敬。

今天社会秩序混乱，长幼伦理脱节，就是因为不尊敬长辈的关系。过去，父母教训儿女："你们怎么不听爸爸、妈妈的话？"现在，儿女对父母抱怨："爸爸、妈妈，你们怎么不听我的话？"甚至年幼的小孩子跟父母要东西时都会耍赖："你们如果不买给我，我就不替你们念书了！"过去，老师教导学生，学生一定虚心接受，现在的学生，却时兴批评老师："某某老师不好，每次我建议什么事情，他都不听。"过去，老板指导员工事情如何如何做，现在的员工反过来要求老板："薪水应该提高到……才足够家用。"过去，在军队里是长官命令，部下遵循，现在的部下可以开会公然批评长官。上下没有标准，社会的伦理不能维持，社会秩序自然会混乱。

　　对于只知谋一己之利，漠视他人的辛苦、困难之类的事情，佛陀是会生气的；即使是童心戏言，只要侵犯到他人，佛陀也会生气。例如罗睺罗是佛陀出家前的孩子，他小小年纪跟佛陀出家了，因为年纪小，比较顽皮，爱说一些不当的话，曾有人遇到罗睺罗，问他："你知道佛陀在哪里吗？"佛陀本来在左边房子里，他偏偏指着右边告诉对方："那边，那边。"等到对方扑了空折返，罗睺罗就很开心。佛陀知道后，把罗睺罗找来，罗睺罗一看到佛陀严肃的样子，不敢讲什么话，默默端了一盆水给佛陀洗脚，好让佛陀能赶快去登座说法。佛陀洗过脚后，却吩咐罗睺罗："把这盆水喝下去。"

　　罗睺罗一听，惊讶地回答说："佛陀，洗过脚的水很脏，是不能喝的呀！"

　　佛陀对他开示："你说谎妄语，你的嘴就像盆里的污水一样脏，人家也不要你的。"

　　罗睺罗将水倒掉后，佛陀又说道："你将这个木盆拿去盛饭吃。"

　　罗睺罗显得很为难，说道："佛陀，洗过脚的木盆很脏，不能把饭菜装到里面去呀！"

　　佛陀又责备道："你的嘴时常说谎骗人，就像这肮脏的木盆一样，好的东西永远也装不进去。"说完话，佛陀一脚朝这盆子踢过去，盆子咚咚地滚了好远，罗睺罗吓了一跳。佛陀问道："你怕我把木盆踢坏吗？"

　　罗睺罗回答："不是的，木盆不值钱，踢坏了可以再买一个，没关系的！"

　　佛陀再一次呵斥道："说谎的孩子，就像这坏盆子一样不值钱，踢坏了也不可惜。"

从这段故事，我们可以知道：佛陀无私无我，但对说谎欺骗别人的事，佛陀是会生气的。佛陀教导罗睺罗的方式，正是天下父母对孩子"爱之深，责之切"的寄望。佛陀的生气，是从慈悲心出发，而不是从瞋恨心出发，佛心和天下父母心是一样的。

二、佛陀会悲伤流泪吗？

佛陀有伤心的时候，也有流泪的时候。

曾经，有一个外道魔王对佛陀说道："我们不喜欢你的佛法流行，我们要跟你斗争到底！"

佛陀一点也不介意道："你怎样来破坏，我都不怕。"

"我们到处批评你、诽谤你！"

佛陀平淡地说道："不怕。"

"我们用刀枪、棍棒打击你！"

"刀枪、棍棒，我也不怕。"

魔王一听，心想，他这也不怕，那也不怕，再说道："那我们做你的弟子，穿你的袈裟，吃你的饭，却不行你的道，你讲戒定慧，我们就行贪瞋痴，一切作为都和你的佛法相反，用这样的方法来破坏你。"

佛陀听到这里，不禁流下伤心的眼泪，悯念末法众生将面临的灾难，佛陀终于哭了。

这叫"狮子身上虫，还吃狮子肉"，现今社会，有很多人打着佛教的旗帜，穿袈裟，做佛子，却败坏佛门清誉，佛陀怎会不伤心呢？一个家庭中出了不肖子孙，家庭会衰败；一个统理天下的国王、宰相，如果家有悍妻，任凭你天大的权威，也无可奈何。对于不受教的儿女，父母会伤心悲哀，同样的，对于不肖的弟子，佛陀也是会伤心流泪的。

僧团里，有一种办法对治这类人，就是默默摈置，不理睬他，这是消极的对治办法；但是，对于僧团以外的人，就很难有约束力了。所以，在一个家庭里，对儿女的教育要多加强；佛门也一样，必须致力法制组织与教育制度，才是净化僧团之道。

三、佛陀有没有欢喜的时候？

佛陀都是生活在欢喜里。佛陀的生活可分为两种：一种是自受用的生活，一种是他受用的生活。

简单地说，我们每天有多少钱，可供自己衣食住行，叫做自受用；每天有多少钱布施给别人，救苦救难，叫做他受用。佛陀自受用的是他的真理法喜，以及从禅定中得到的定静禅悦。佛陀的他受用，是他说法给你欢喜，以慈悲庄严给你欢喜；佛陀所有一切与众生结缘的，都叫他受用。我们每一个学佛的人，要懂得把握佛法，了解哪些是自受用？哪些是他受用？譬如礼佛、诵经、打坐、忍辱、精进、持戒……是自受用的生活；每天讲好话给人欢喜，做好事帮助别人，解决别人的苦难，多行慈悲，多行布施，时时广结人缘，让大家快乐，是他受用的佛法。《金刚经》所说的"如来善护念诸菩萨，善咐嘱诸菩萨"，也就是佛陀自受用和他受用的生活写照。

佛教中，每年的农历七月十五日是盂兰盆会，也叫"僧自恣日"；这一天佛陀特别欢喜，所以又称"佛欢喜日"。为什么七月十五日特别欢喜呢？原来在僧团中，诸比丘每年从四月十五日起结夏安居，到七月十五日这一天算是一段修行圆满，信徒借此因缘供养僧众，这份供养的功德，让信徒的历代祖先，也能仰仗比丘们的修行而受福，可说是"人天普度"，所以佛陀非常欢喜。

佛法是提倡欢喜快乐的，我们每天都应当培养喜悦的性格。有的人经常沉着脸，一副忧愁的样子，日日如此，一生都如此，时时都在忧愁、苦恼、烦闷中过日子，实在好可惜。偈云："面上无瞋是供养，口里无瞋出妙香；心中无瞋无价宝，不断不灭是真常。"如果我们能学习凡事忍之于口，不形于色，甚至不只将怒气不形于色，更能不起于心；那么心上无争，脸上自然能安详愉悦，诸事也都吉祥如意了。

我们没有什么东西布施给别人不要紧，最要紧的是把欢喜布满人间。人世间的烦恼虽繁，但至少不要把白天的烦恼和忧愁带到床上，晚上睡觉安安稳稳地睡；也不要把悲伤、苦闷带到饭桌上，吃饭的时候，欢欢喜喜地吃。伤心难过也不要带到明天，更不要挂在脸上，让别人看到，影响别人。我们不妨订个家庭合约，父母、兄弟姐妹见面的时候要互相欢喜，不欢喜就不要见面。

像我的学生徒众不少，但他们快乐的时候，很少来找我，等到他们烦恼苦闷、痛苦流泪的时候才来找我，我常笑着问他们："每次见到你们，我都是欢喜的，天天把欢喜的话讲给你们听，你为什么只把烦恼忧愁抛给我呢？每天看到你们忧愁满面，眼泪鼻涕的，我也受不了，以后欢喜的时候来找我，烦恼的时候不要来找我，好不好？"

有些人很悭吝，一句好话都不肯说，所以我经常提倡"见面三句话"，就是人和人见了面要讲："你好啊！""天气很好啊！""大家好!"见面要对人说上三句好话，让人从你的话中感到欢喜受用。

除了"见面三句话"，还要"吵架一回合"。比方说：太太煮饭，煮得很辛苦，摆到桌上，叫先生："喂！来吃饭了。"

先生不耐烦应道："好啦！好啦！等一下！"

这个时候，一回合就该停止了，假如太太不停，再来一回合："好啦，好啦，叫你好几次，你都是'好啦，好啦'，你到底要我叫几遍，你才要吃啊！"

先生更不耐烦的责问道："你难道没看到我在忙吗？"

太太当然也有话说："忙！忙！你一天到晚都忙，你不知道我也忙吗？"

就这样第二回合、第三回合吵下去，夫妻大战就爆发了。所以记住吵架一回合，武林高手过招，一回合就要分胜败，老是打烂仗，怎么能休止呢？怎么能欢欢喜喜生活呢？

我们要学习佛陀给人欢喜，佛光山就是秉持佛陀的精神，订定"给人信心、给人欢喜、给人希望、给人方便"四大工作信条。

四、佛陀在生活中有没有享受的一面呢？

每一个人都希望生活享受好一点。听讲经，有的希望能有好位置，坐得舒服一点，或者希望装个冷气，铺个地毯……这是生活上的享受。为什么人人都想追求功名富贵？也无非是要求改善生活，希望在生活里能多一些享受。其实功名富贵是享受吗？这也不尽然。它常常带给人们烦恼；从感官上去追求的享受，实在很有限。眼睛要看很好看的东西，耳朵要听很好听的声音，身上要穿很柔软的衣裳，但是，当这些感官上的享受一过去，会让人觉得空虚、寂寞，如同盛席华筵散场之后，必定留下满地的杯盘狼籍。世间功名富贵的享受，往往要付出很大的代价，当人受到外境的声色驱使，内心是得不到安宁的；如果能不看、不听，也就没有什么外境能束缚我们了，内心的法喜若能源源不竭，才算是长久的享受。

佛陀有一位弟子叫跋提王子，有一次，他跟比丘们一起修道打坐，忽然间叫了起来："快乐啊！快乐啊！"正巧佛陀经过那里，就问："什么人喊快乐啊？什么事情快乐呢？为什么喊快乐呢？"跋提回答说："过去我在皇宫里面，有很多护卫保护，却仍害怕人家陷害我、行刺我；在皇宫里，虽然吃得好、睡得好，但仍然食不知味、睡不甜蜜，实在没有意思！现在，我出家了，在山林里面修行，解脱了束缚，我什么也不怕，连托钵得到的青菜、萝卜吃起来都很美味。在这里打坐，只觉得心里干干净净的，无忧也无虑，修道真是太快乐了，我就忍不住叫出来了！"这不也是一种享受吗？

佛陀享受的快乐是什么呢？是涅槃之乐。涅槃的快乐有四个特性，就是"常、乐、我、净"。佛陀感觉生命的久长，他会快乐；感觉生命里有一种自然的喜悦，他会快乐；感觉生命的存在，他会快乐；感觉生命的单纯清净，更是快乐。许多人忙得忘记自我，失去了自己，当然就没有快乐了。涅槃里有清净的快乐，如果懂得佛法，在生活里要求这种快乐的事，实在很多也很容易。

我们平常讲"助人为快乐之本"、"知足常乐"、"能忍自安"，知足里有快乐，惭愧里有快乐，对人生起恭敬心，也会有快乐；有信仰的人有快乐，安详寂静也会快乐。我们不要从感官上去找快乐，快乐的泉源在自己的心里，找到心就可以享受到快乐。念佛，念佛里有快乐；打坐，打坐里有快乐；礼拜，礼拜里有快乐。有时候，打坐到心里没有任何念头，没有任何欲求，只想永远禅定在这片轻安法喜中，这不就是享受快乐吗？更积极一点，布施急困，修桥铺路也是快乐。跟人广结善缘，自然就会得到助缘，就会享受到快乐。

过去的佛教，一般都以为吃苦才是修行，这是错误的，佛教本是幸福之教、快乐之教，它不是要你来吃苦的。所以讲"苦"，只为说明人间实相本来是苦的；"苦"只是获得快乐必经的某些过程，如同蝴蝶必须破茧才能飞翔，树干必须刨锯才能成材。我们学佛的人，必须从苦海里渡越。你骂我，批评我，诽谤我，我可以从中享受到快乐；面对一切的灾难屈辱，都能甘之如饴，我们不但不生气，反而要感谢对方，给我们一个消灾、消业的机缘呢！我们要像佛陀一样，享受清净的涅槃乐。辛苦赚的钱，被人倒闭坏账了，如果没有佛法，会难过生气，如果有佛法，"嘿！感谢你，我欠你的债还清了！"无债也无挂碍，为什么不高兴呢！

世间上，好事固然令人快乐，就是一些不如意的、负面的事，如果我们懂得佛法的"随其心净，则国土净"，就可以用清净的心来转变世间；烦恼都是菩提，烦恼都是快乐。譬如当爸爸、妈妈管教太严苛了，不要烦恼，应想到："还好，有这么严格管教的爸爸、妈妈，让我不做坏事。"婆婆天天啰唆地唠叨，做她的媳妇好难哦！要想到："还好，有这么一个婆婆在，让我凡事小心谨慎，以后还可以去竞选模范媳妇呢！"

世间上任何一个境界，只要你的心转一转，哪一个地方没有快乐？

五、佛陀有感情吗？

佛弟子常常将佛陀神化，认为佛陀跟人不一样；感情是污染、烦恼的，佛陀应该没有感情。事实上，佛陀很有感情！佛陀的感情是对一切众生都施予平等之爱，他的感情就是慈悲，所谓"无缘大慈，同体大悲"。爱之上是慈悲，慈悲之上是"无缘大慈，同体大悲"；佛陀的爱，佛陀的感情，是很难用凡夫心去衡量的。

什么叫作"无缘大慈"？我们的慈悲是有限的。若是自己的同乡、同学、同门、亲戚，因为彼此关系近，有因缘，会给对方一些慈心，这是有缘的慈爱；佛陀提倡的是无缘大慈，予人快乐，不一定要有关系。譬如我们彼此不认识、素昧平生，不过，你现在有了困难，需要我的帮忙，我无条件协助，这就是无缘大慈。

什么叫"同体大悲"？和我们有关系、有因缘的人，我们会感同身受他的痛苦，而尽力为其拔除。但是对于没有关系的人，我们就不一定会伸出援手了。可是，佛陀的大悲不是这样的。比方说：我的手烂了，长了烂疮烂肉，好臭哦！不过我会好好地保护它、好好洗涤、好好敷药，不会嫌弃它，因为这是我的手、我的身体，我当然要爱护。对于一切众生，哪怕是陌生人，都认为"他跟我有关系，他就像是我肢体的一部分"，这种视人如己的悲心，就叫同体大悲。

学习"无缘大慈，同体大悲"，可以先观想把彼此立场调换一下，假如我是你，推己及人，"无缘大慈，同体大悲"的心就容易生起。再举一个例子，有的人很喜欢抓香港脚，抓过后还往鼻孔上嗅一嗅，这是为什么呢？因为是我自己的，臭也变成香了。所以，如果我们能把众生都当成是我的，又怎会嫌弃他呢？

佛陀曾到忉利天为母亲说法，为父亲抬棺，能说他没有感情吗？佛陀对感情表达的方法非常清净，非常圣洁，是不着痕迹的感情。例如佛陀成道后第二年，回到故乡，跟父王、诸兄弟们谈话，曾做过他王妃的耶输陀罗，也急着想见见从前的丈夫，她等得非常焦急，心想：他怎么还不来看我呢？好不容易，佛陀来了，耶输陀罗又想他来的时候，一定要好好地骂一骂这个忘恩负义的薄情人。但是，一见到佛陀那种慈悲庄严的样子，耶输陀罗不禁跪了下来。佛陀又如何面对耶输陀罗呢？他对耶输陀罗说道："耶输陀罗，对你，我是很抱歉的，但是请为我欢喜，我对得起一切众生，我成就了佛道，我是佛陀了。"这些话既安慰了耶输陀罗的情绪，又表达出一位觉悟者的立场。我们一般人恐怕很难做到像这样慈悲和智慧两全的境地。

我曾有几十年没见过我的母亲，当时我很希望能把她接到日本见一面，终于，有一个因缘，在日本成田机场会面，因为几十年没见面，远远地，我心里想着，这是不是母亲呢？当她靠近我的时候，好似要大哭一场的样子，毕竟是分别几十年的母子相会啊！但是，当时的情况不同，我立刻跟她说："这里不可哭，跟我来。"那是飞机场，不能哭。那时我仿佛看到母亲正要落下来的眼泪，马上又收回去了。我的意思是要哭，也要到房子里面才哭，不管什么样的情感，最重要的，不要让它成为一种情绪，自己要能驾驭，要能控制，才不会一发而不可收拾。

佛陀也曾为生病的弟子拿茶、拿水，为年老的弟子穿针引线、缝制衣服……佛陀是有感情的，那种纯真的感情，佛教称为"慈悲"。

六、佛陀会不会说谎呢？

佛陀会说谎吗？这是很严重的问题。五戒里的杀、盗、淫、妄、酒是根本大戒，说谎就是妄语，怎么可以呢？但是，佛法是活的，用贪瞋愚痴所犯下的杀、盗、淫、妄、酒就是犯了根本大戒；如果因慈悲心而犯杀、盗、淫、妄、酒，有时候却是菩萨道的另一种看法。

比方说一个恶人拿了刀枪要去杀人害人，怎么办呢？眼睁睁看这个坏人去杀死那么多的好人吗？为了救那些好人，只得以慈悲心先把坏人杀了，这跟以瞋恨心杀人又不一样了。你要持刀枪去杀人、拿毒药去害人，我知道了，先替你把刀枪、毒药收藏起来，你能说我偷盗不该藏它，好让你去杀人吗？佛陀在这种情况下，就有方便智慧作另一种特殊处理。

佛陀有一次在林间打坐，有个猎人射中了一只兔子，这只兔子逃到佛陀的袈裟下面，猎人一路追来，问佛陀说："你看到我的兔子吗？"

佛陀当然看到了，不过佛陀却说："没有！"

这是不是说谎呢？

"你一定把它藏起来了，那只兔子是我的晚餐，请你把它还给我！"

"哦，只是一顿晚餐啊！"

佛陀取出随身的戒刀，问猎人道："若我把膀子割下来，能够相抵一只兔子吗？我这只手臂就给你当晚餐吧。"

为了救度众生，方便妄语的后面，有着大无畏的慈悲，这已经不是一般的妄语说谎了。这是如《金刚经》所云："如来是真语者，实语者，如语者，不诳语者，不异语者。"

佛陀在因地修行时，有一次在路上行走，遇到一个坏人想谋杀500 名路过的商旅，以便窃取财物，佛陀知道后，毫不犹豫地把坏人给杀了；在佛陀的想法，宁可让自己因杀而受业报，也不能让500人无缘无故而丧命。佛陀也会说谎骗人，但是，佛陀是以是非、善恶、轻重的观念为出发点。

七、佛陀有没有工作呢？

有一次，佛陀到天臂城托钵，这个国家的国王叫善觉大王，是佛陀未出家前的岳父。善觉大王看到佛陀，很生气地说："你这个人不要国家、不要妻子，天天游手好闲，你对世间没有什么用，你不做工作，不事生产，我不准许你在我的国家托钵！"佛陀回答："善觉大王，你说错了，我每天用慈悲的犁，耕种众生的福田，播撒菩提的种子，我每天都这样不停地忙着，怎么说我没做事呢？"所以，从佛陀起，所有的宗教师——佛陀的弟子，僧团的比丘、比丘尼，只要他每天能精进地修行办道，用慈悲德行来改善社会、净化风气，不就是工作了吗？

曾经，波斯匿王要对跋耆国用兵，佛陀用方便善巧之法，使战争不致发生；迦毗罗卫国遇到琉璃王侵略时，佛陀发起保护迦毗罗卫国运动；佛陀帮助须达长者，教育他不孝顺的媳妇玉耶女，使其家庭和谐；佛陀帮助摩登伽女改邪归正；感化指鬘外道不可杀人……佛陀使千千万万人得度，更使千千万万人启开智慧之门，认识自己，他的工作是多么的重要而神圣！

八、佛陀有灾难吗？

我们众生在世间上是多灾多难的。佛陀有没有灾难呢？既然佛陀示现于人间，在世间法里，没有人会没有灾难降身的。如老病死苦，世间上谁能免除呢？佛陀曾经受过十次灾难，从开始修行苦行，每天仅食一麻一麦，就是个灾难。

又如提婆达多曾派人行刺佛陀，从山上把大石头推滚下来，想把佛陀压死；又以醉象冲撞佛陀，佛陀当然不会被他们伤害，但这也是一种灾难。有一次，提婆达多带许多人来和佛陀对抗，弟子知道了，也纷纷准备棍棒之类要保护佛陀，佛陀闻知，笑着对阿难说："成了佛陀的人，还需用棍棒来保护吗？"

三迦叶最初未皈依佛陀前，曾用毒蛇加害佛陀，但是，毒蛇看到佛陀就不动了；指鬘鸯伽摩罗来行刺佛陀，见到佛陀时，不由得放下刀剑，跪在佛陀面前求忏悔。

灾难并不是没有，佛陀自有威德降伏魔难，不必用棍棒来保护自己。在《佛说兴起行经》里记载曾有的十次大灾难。即：

1. 孙陀利谤佛难。

2. 佛患头痛难。

3. 佛患骨节疼痛难。

4. 佛患背痛难。

5. 佛被木枪刺脚难。

6. 佛被掷石出血难。

7. 佛被战遮女系盆毁谤难。

8. 佛食马麦难。

9. 佛受苦行难。

10. 奢弥跋谤佛难。

这十缘的灾难，都是往昔生中，佛陀未受完的业报，佛陀说此因缘，主要是告诉我们：即使成佛，众恶皆尽，万善普遍，但残余业因未了，亦必须偿还宿报，受此灾难。但这一切对一个伟大的圣者并没有影响，因为风雨过后，更能见出万里晴空。

九、佛陀被人诽谤过吗？

这是必然的，就是现在也还有。一个伟大的人物，在信仰他的人面前，他是神、是圣、是佛祖；在不信他的人面前，他是魔鬼、是罪恶、是坏人。基督徒怎么看佛祖呢？他们说是偶像，我们教徒说是佛陀。基督徒在佛教徒心中又是什么呢？是外道异教徒，但基督徒都说："耶稣基督是我们的救世主。"一个伟大的圣人，在信他与不信他之间就有这么大的差别。因此，在不信者当中，诽谤是难免的。

佛陀住世时的印度社会，有人在僧团里出家，佛陀就会受到批评："他把我们的儿女骗去出家了。""把我的丈夫（妻子）骗去出家了，拆散我们的家庭。""不顾人家的家庭、父母、妻子、儿女，这个佛陀有什么好？"……这样的批评是在所难免的，因为佛教普及，外道的徒众越来越少，佛教的徒众越来越多，外道心里当然不好受。

在佛陀时代就曾发生这种事：外道收买了一个婆罗门女战遮，在讲堂里面，挺着大肚子站起来，大声诬蔑佛陀道："释迦呀，你讲经说法，倒讲得非常好听，但你在我肚子里留下的孩子，该怎么办呢？"哦！佛陀竟然使女人怀孕了！听经的人一阵骚动，佛陀一句话也没说，在座的天神释提桓因，明了怎么回事，他运用神通，化作一只老鼠，把她肚子上绑木盆的绳子弄断，"咚"地一声，木盆掉下来，佛陀依然一句话也没说，继续讲他的经、说他的法。佛陀一生当中，说法 49 年，讲经 300 余会，为众生担负了多少的苦难、多少的诽谤；但是，他带给众生的却是无限的法喜、无限的真理。有时候想想，我们众生真是对不起佛陀。不过，这个世界没有黑暗，哪来光明？没有丑恶，哪来真善美？没有污泥，哪能长得出净莲呢？

十、佛陀会不会有无奈的时候呢？

一般人总以为：佛陀一定神通广大，法力无边，想做什么就能做什么。其实，佛陀也有无奈的时候。有一个坏人叫干达多，一生作恶多端，唯一做过的一件好事，就是有一次，他走路时看到一只蜘蛛，本来要一脚踏到蜘蛛身上，这一脚踏下去，蜘蛛就死了，他当时一念之善，赶紧把脚缩回来，跨远一点，救了蜘蛛一命。

后来，干达多死后堕到地狱去，这蜘蛛有心报恩，佛陀想满蜘蛛的愿，把蜘蛛丝放到地狱里去救干达多。所有地狱里受苦的众生，见到这条蜘蛛丝，都争先恐后地跟随在干达多的后面，攀着它奋力往上爬，好离开地狱。但是，干达多瞋恨心生起，"这么细小的蜘蛛丝怎么负担得了众人的重量？万一蜘蛛丝折断了，我不就万劫不复，永无解脱之期了吗？"于是用力踩踢尾随而上的众人："走开！这是我的蜘蛛丝，只有我可以攀上去，你们走开！走开！"由于用力过猛，蜘蛛丝断了，干达多和所有的人又掉落下去，佛陀十分慨叹："唉，众生自私，真是没有办法啊！"由于人类自私、瞋恨，一点利益都不肯给别人沾光，不予人慈悲，不和人结缘，佛陀就是想救我们，也无可奈何啊！

有一个年轻人去爬山，半途不小心滑落山崖，幸好被半山腰的一条树藤绊住，没有继续往下掉，但是，往下看是万丈深坑，往上看是绝顶崖壁。他恐惧地喊叫："佛陀啊！佛陀啊！救救我啊！"

佛陀真的来救他了，佛陀对他说："年轻人，我可以救你，就怕你不听我的话。"

年轻人说道："这个时候，我怎么会不听你的话呢？"

佛陀说："真的吗？我说什么，你都听吗？你都依教奉行吗？"

年轻人百依百顺地说："佛陀！依教奉行！我一定依教奉行！"

佛陀即刻认真地说道："那好，现在你把两手放开来。"

"吓！"年轻人大吃一惊："你要我放手？这一放，我岂不摔得粉身碎骨了吗？"

佛陀慨叹："你不放手，放不下，我怎么能救你呢？"

所以，这个世间，谁能得救，谁不能得救，就在你是不是看得破，想得开，还有是不是真能提得起，放得下。我们要佛陀救我们，也要肯放下一些世俗的束缚，才能进入佛陀解脱的境界。

人间佛教必须把佛陀人间化，我们要从人间佛陀的信仰上，建立一个真实的信仰，然后慢慢地升华，再来认识般若的法身、真理的佛陀；好比一个人从小学、中学读上去，才能念大学。佛陀的功行广大无边，不是一想可知，也不是一眼可以望尽的，当然更需要一步一步地去认识。我们认识了人间的佛陀，才能慢慢认识自己心里的佛陀。认识了心里的佛陀，自能豁然认识法身的佛陀。

1989 年 1 月 13 日讲于基隆极乐寺

佛陀的样子

在觉悟的圣者眼中，
无一不是佛陀的真身，
无处不是佛陀的真身。

佛陀涅槃已经两千多年，生在末法时代的我们，不能瞻礼到佛陀的真身金容，每念及此，不禁想到古人说的：

佛在世时我沉沦，佛灭度后我出生；

忏悔此身多业障，不见如来金色身。

自从佛陀应身的金容涅槃以后，我们只能瞻礼到佛陀的圣像，那么佛陀究竟长得什么样子呢？

一、佛陀的圣像

（一）圣像的种类

佛陀庄严的相貌，慈悲的金容，初学者只有从圣像上才能稍有认识。佛陀圣像的种类很多，有用木石雕刻的，有用金属铸造的，有用绢纸画印的。圣像之中，有的是坐着，有的是立着，甚至还有卧着的。无论是木石雕刻、金属铸造、绢纸画印，或是坐着、立着、卧着的，总是表现佛陀的慈悲庄严、崇高伟大，令人一见就会生起仰慕之念。

佛陀的圣像，每一种式样，都含有它深刻的意义，象征着佛陀的一份精神，一份圣格。

佛陀坐着的圣像，有的是结跏趺坐，宛如禅定；有的是左手放在盘着的腿上，右手高举，以掌心向外，这是说法的样子。前者是表征佛陀的自觉，后者是表征佛陀的觉他。自觉的意思是佛陀之所以成为佛陀，必须经过相当的修持，思维观照，深入禅定，方能识得自己；觉他的意思是，佛陀从体起用，以真理普利众生，用甘露法水，净化人群。

佛陀立着的圣像，有的垂手站立，是为接引众生；有的开步行走，是忙于教化。见到佛陀伸出慈悲之手接引众生，在苦海漂泊的人，怎能不诚恳地皈投到佛陀的怀抱？忙于教化，正显出佛陀对他体证的宇宙人生真理，充满无限的热情；虽然已是功行圆满，也要用真理不休息地为众生服务。

佛陀卧着的圣像，只有吉祥卧的涅槃像一种。涅槃，是福慧圆满，到达不生不灭的境界。佛陀的涅槃像，是由动归于静的意思。佛陀住世时，说法、行化，是由静生动，动有休止的时候，静则是无穷的悠长。佛陀的生命，参入天地之至奥，流入无终的时间之流中，故说由动归静。佛陀的圣像中，有示现涅槃的一种，表示佛陀将永远活在我们的心中，与日月并光，与天地同长。

（二）雕像之始

佛陀的雕像始于什么时候？在《增一阿含经》第二十八卷和《大唐西域记》第五卷均有详明的记载：

有一年夏安居的时候，僧团中不见佛陀，大家都不知道佛陀到哪里去了？天眼第一的阿那律尊者以天眼观之，告诉大家：佛陀上升忉利天宫为圣母摩耶夫人说法。

佛陀为什么到天宫说法？（1）是为了报答圣母养育之恩。（2）因为佛陀常在身边，世间有些人不乐闻佛法。（3）因为教团多争，佛陀离开一下，使好争者能够幡然悔悟。

大众知道佛陀到忉利天后，最想念思慕的莫过于拔蹉国的优填王。优填王受王妃的感化皈依佛陀之后，就对佛陀生起无比的恭敬供养之心。现在听说佛陀上升天宫，多日不见，他竟因思念之切而生起病来。

优填王病后，大臣们建议优填王请有名工匠来雕刻佛陀的圣像，以便朝夕瞻仰礼拜。优填王大喜，立刻商请神通第一的目犍连尊者，以神通力接工匠上达天宫，亲观佛陀的金容妙相，雕刻五尺高的牛耳旃檀圣像。目犍连尊者接送工匠往返三次，旃檀圣像方才雕刻完成。优填王因此病愈，其欢喜自不用说。

佛陀在忉利天宫说法约三个月。三个月之后，佛陀重返人间，旃檀圣像竟起立迎接佛陀，佛陀微笑着对圣像安慰道："你教化辛劳了！末世的众生还要靠你开导。"

由此看来，雕刻圣像，并不在佛陀涅槃以后，佛陀住世时，就已经开始雕刻圣像供奉了。雕刻的旃檀圣像，起立迎接佛陀，这表征无论是佛陀的金身，或是佛陀的圣像，都是生动地活在人间。

（三）铸像之始

佛陀的铸像始于什么时候？在《增一阿含经》第二十八卷以及

《根本说一切有部尼陀那》中，各有记载：

第一、憍萨弥罗国的波斯匿王听到优填王用旃檀雕刻佛陀圣像，为了对佛陀的崇敬，也为了好胜之心，乃以紫磨黄金铸造圣像，高也是五尺，此即是最早的佛陀铸像。

第二、有一次佛陀在祇园精舍说法之后，给孤独长者上前顶礼佛足，禀白道："佛陀，您圣驾驻锡教团时，这里的生活庄严、威仪，且肃静如法。有时佛陀到别处去弘化，这里没有佛陀做中心，在秩序上有所欠缺，大家的心灵上也有空虚寂寞之感。恳求佛陀允许让我们铸造圣像，当佛陀去他方时，我们可以瞻仰，见圣像如见佛陀，这样应能维系教团的清净，佛陀的威德之光也能永远普照着我们。"

佛陀听后，慈悲的允许给孤独长者的请求。

"佛陀，在铸造的圣像之旁，我们要安插幡盖，供养香花，也希望佛陀允许。"给孤独长者进一步的要求。

"随各人的心意吧！"佛陀回答。

从上面两段经文看来，佛陀住世的时候，就有很多国王、大臣、长者、居士等，发心铸造圣像供人瞻仰了。铸造的紫磨金像，供奉在教团共修的道场中央，像一盏明灯，照亮信者的心灵。

（四）画像之始

《大唐内典录》中有一段记载：我国汉朝时秦景奉旨回月支国途中，看见优填王造的旃檀雕像，于是请画师照样画了一张，后来带至洛阳，皇帝见了，敕命在西阳城门和显节陵上供养，从此素丹流传，以至于今。

另在《行事钞》中记载说：当初佛陀的诸大弟子，恐后世造像，无所表彰，所以请目犍连尊者引导工匠上天取图，如是来往三次，才完成逼真的旃檀雕刻圣像。汉朝以后，中国僧伽纷纷前往印度留学，回国时，都想把旃檀圣像请回中国供养，那时印度诸王对此圣像，皆恭敬保护，不准圣像出境。但佛法流通，一定要有所表征，诸王就叫画工依照旃檀圣像描画，今日所传的画像，即是由此而来。

依此说法，佛陀画像应始于佛陀涅槃几百年之后，但在《阿含经》中记载，佛陀涅槃时，大迦叶尊者担心摩竭陀国的阿阇世王知道这个消息，会过度悲哀，发生意外，因此和雨舍大臣商量，恭画佛陀圣像，以解王哀。这大概是最早的画像吧！

不过近年来发现，英国皇家博物馆中保存了很多佛陀的画像，其中有一尊画像，被当作国宝珍藏着，那幅画像据说是佛陀 41 岁的时候，弟子富楼那尊者所手绘的画像，文色原本至今依然历历在目。日本永平寺的住持北野，曾摄影带回日本，此像目前在台湾各地也有流传。

如此看来，佛陀的画像又更早了，甚至比雕像、铸像还要早几年呢。对于佛陀的画像，《瑜伽法仪轨》上说："所画的布绢大小随意，于莲华台上结跏趺坐，两手脐下如入禅定。"因为画像方便，信众家中皆可供奉，佛光能够普照家家户户，画像者具有无量的功德。

（五）顶礼圣像

佛陀的圣像，是木石雕刻的，是布纸描画的，有人说这是偶像。

有些基督教的传教师，也批评佛教这种对木石、金属、布纸的偶像崇拜。

事实上，人是不能离开崇拜观念的。全世界的人都向他们国家的国旗敬礼，国旗不是纸就是布的，为什么要向纸和布敬礼呢？要知道制成了国旗的纸和布，它在国民心中，已经不是纸和布，而是代表国家的象征了。基督徒向十字架祈祷，十字架上还钉着耶稣，十字架、耶稣，不也是木制、铁制、纸画的吗？基督徒们为什么要向木、铁、纸张跪下来祈祷呢？一块布，做成帽子可戴在头上，做成鞋子就穿在脚下，布是没有贵贱的，做成的东西才有贵贱之分；一张纸印成父母的像，我们对这张纸像就会好好地恭敬收藏，若是印成连环图画，随便怎么抛弃，也不觉心中不安。纸没有贵贱，只是我们心上生起分别而有贵贱。金属或化学原料所制成的圣贤之像，会高高地供奉起来，若是制成儿童玩具，如不倒翁，放在地上踢他几脚，取笑他也不要紧。一切物质都是一样，做成什么就是什么，佛陀的圣像是金属、木石、布纸所做成的，但在我们的心中那已不是金属、木石、布纸了，他是大智大觉的佛陀圣像！

从事相上来说，我们修行应该有目标，偶像可以启发我们的信心，帮助我们的修持，当我们瞻仰佛陀慈悲的圣像，心中顿息贪瞋的妄念；当我们礼拜佛陀庄严的相好，行为自然端正不敢放逸。"精诚所至，金石为开"，我们对圣像恭敬顶礼就会有所感应。

从法性上来说，真正没有偶像观念的是佛教徒而不是基督徒。

有一次，丹霞天然禅师在一所寺院挂单，时值严冬，天气寒冷，大雪纷飞，丹霞便将佛殿上的佛像取下来烤火取暖，寺中纠察师一见，大声怒斥道："该死！怎么将佛像拿来烤火？"

"我不是烤火，我是在烧取舍利。"丹霞禅师从容不迫地回答。

"胡说！木头佛像哪有舍利?"纠察师仍是大声怒吼。

"既是木头，何妨多拿些来烤火。"丹霞禅师仍从容地取佛像投入火中。

丹霞禅师觉悟了"心佛众生，三无差别"的道理，他才是佛教真正的弟子，才是认识了佛陀的圣者。没有觉悟的时候，要恭敬圣像，觉悟了以后，心外无佛，可以说圣像就在自己心中。唐宣宗未登基前做小沙弥的时候，他见到黄檗希运禅师在佛殿中央拜佛，他站在身后聚精会神地看着，忽然想起希运禅师常说的话，竟模仿说道："你常说不着佛求，不着法求，不着僧求，你现在礼拜又是做什么?"

希运禅师听了，回头就给他一个耳光，说道："不着佛求，不着法求，不着僧求，当作如是求！"

希运禅师的话，是一般浅知浅识的人无法体会的真理；当我们向佛陀圣像顶礼时，是凡夫心和佛陀心的交流啊！

二、佛陀的金容

（一）圣容金身

佛陀真正的样子，是清净无为的法身，从法身理体而显的妙用，就是应身的金容。佛陀的法身，连登地的菩萨都不能完全测知，佛陀的弟子，只能从金容的相好上去认识伟大的佛陀。《心地观经》上说："金光百福庄严相，发起众生爱乐心。"2 500多年前，为一大事因缘而降诞于世的教主佛陀，有着百福庄严的相好。佛陀的身体是黄金的颜色，有一丈六尺高，《阿含经》中说佛陀是"希有金容如满月"。所谓"三十二相，八十种好"，那就是佛陀的圣容。

在佛陀的弟子中，有不少人是未闻佛陀说法，初见佛陀的金容就决意皈投佛陀出家的。大迦叶尊者，本是婆罗门的富豪，在多子塔边逢到坐在树下的佛陀，他为佛陀的金容相好所摄受，不知不觉地向前顶礼，宣誓加入佛陀的教团；富可敌国的须达长者，做客南方，在夜中遇到佛陀，月光下，他也为佛陀的圣容所感动，跪在地上请求佛陀能到他的故乡去宣扬真理，普度众生。

在佛陀传教的生涯中，把迫害者慑伏回头，把顽强者感化皈依，有很多也是由于佛陀慈悲威严的相好。叛徒提婆达多，收买了六名强盗去行刺佛陀，但被佛陀的金容所流露出的威德之光征服，这六名强盗即刻放下刀剑跪在佛陀面前忏悔；鸯掘摩罗是个杀人不眨眼的魔王，佛陀特地在路上和他相遇，天不怕地不怕的鸯掘摩罗，一见佛陀的金容，心中不由一惊，五体投地地请求佛陀准许他重新做人。

山中的猿猴，采摘野果，毫不畏惧地献于佛陀的金容之前；酒醉的狂象，见到佛陀金容，流出悔过的眼泪。如日月之光的佛陀金容，如万德庄严的佛陀相好，使凶恶者生起慈悲，使暴戾者变为平和，在 50 年传教的岁月中，睹佛陀金容而得救的，真是不计其数。

（二）金容相好

形容佛陀的金容相好，在经里都说佛陀有"三十二相，八十种好"。相好，指佛陀的身体金容，微妙的形状，可以一目了然的叫作相，不易觉察而使人见了生起爱乐之心的叫作好。八十种好是因三十二相而有的，所以又叫做八十随形好。

这样圆满的三十二相，并不是天生如此的，佛陀是经过九十一大劫的修行，才成就了三十二相，在《百福庄严经》里说，每修一百福，才庄严一相，即如经云："百劫修相好，三祇求福慧。"

"三十二相，八十种好"，每一相，每一好，经里都有记载，三十二相是：

足下平满，没有凹处。足下轮形，千辐轮状。

手指细长，白净如雪。手足柔软，毫不粗硬。

指间缦网，交互连络。足踵圆满，无凸凹处。

足背高起，前后均平。股肉纤圆，有如鹿王。

手长过膝，端严如山。男子之根，密藏体内。

头足之高，如两手长。一一毛孔，生青色毛。

身毛上靡，向上偃伏。身体之色，有如黄金。

身放光明，四方一丈。皮肤细滑，柔软如油。

足掌肩顶，平满无缺。两腋充满，无有凹陷。

身体平正，威仪严肃。身形端直，毫不伛曲。

两肩平满，丰腴异常。口中牙齿，计有四十。

齿白紧密，洁净而坚。牙齿平齐，毫不参差。

两颊隆满，如狮子颊。咽中津液，润食美味。

舌广而长，柔软细薄。口中音声，远能听闻。

眼以绀青，澄如大海。眼睫之毛，殊胜非凡。

两眉之间，白毫放光。顶成肉髻，无能见顶。

八十种好是：

无见顶相。鼻高不现。眉如初月。耳轮垂埵。

身体坚实。骨际钩锁。身旋如象。行时现印。

爪如赤钢。膝骨圆好。身上清洁。皮肤柔软。

身不弯曲。指圆纤细。指纹藏覆。脉深不现。

踝不突出。身相润泽。身形满足。行不逶迤。

容仪具足。行止安详。住无能动。威振一切。

见者安乐。面大适中。貌色不挠。面容美满。

唇如赤色。言音深远。脐深圆好。毛发右旋。

手长过膝。手足如意。手纹明直。手纹细长。

手纹不断。见者和悦。面广殊好。面如满月。

说和悦语。毛孔出香。口中出香。容如师子。

进止如象。行如鹅王。头如醉果。声分具足。

牙齿白利。舌色如赤。舌薄而长。毛多红色。

毛软而净。眼广而长。死关相具。手足莲色。

脐不现出。腹不突出。腹细匀适。身不倾动。

身相持重。其身长大。手足软净。光长一丈。

光照身行。等视众生。身相雄伟。不轻众生。

声不增减。说法不着。随缘说法。音应众声。

次第说法。观不尽相。观不厌足。发长而好。

发长不乱。发自旋好。发如青珠。有德之相。

上面所叙述的三十二相八十种好，各经的记载，稍有出入，但佛陀的金容不同凡人，自无异议。比方说佛陀是丈六金身，当时有一外道怀疑，他用尺去测量佛陀究竟有多高，但他量了丈六，又是丈六，永远量不完。《西游记》里叙说孙悟空一个跟头十万八千里，但他翻了几十个跟头，也翻不出如来的掌心，这正可以形容佛陀的金容相好，崇高过山岳，深远逾海洋。三十二相中有一广长舌相，是形容佛陀说法的音声，可以远闻。声音究竟能传播多远？在《宝积经》中，说到佛陀的大弟子，神通第一的目犍连，有一次想测量佛陀说法的声音，飞翔到距离娑婆世界无量远的东方佛国，再测听佛陀的声音，依然可以听到。数千里外的欧美广播，我们现在况且能够收听，何况功德巍巍的佛陀出广长舌相，遍覆三千大千世界？三十二相八十种好，只是我们凡夫所了解的佛陀，佛陀的真正金容相好，又岂是三十二相八十种好所能形容包含的？

（三）八相成道

佛陀的金容虽然有着无量的相好，但是佛陀诞生在人间，他终究也是人。佛陀在人间整整 80 年的教化，这说明佛陀一生的经过，就是八相成道。兹将八相成道略述如下：

1. 降兜率：佛陀由燃灯佛授记，是娑婆世界的补处菩萨，先住于兜率天的内院之中，经过 4 000 岁，观察娑婆世界教化的机缘。

2. 入胎：在兜率内院住满 4 000 年后，即乘白象由天而降，由圣母摩耶夫人右胁入胎。

3. 诞生：在 4 月 8 日的艳阳天气，于蓝毗尼花园中降诞，降诞后即能行走七步，曰："天上天下，唯我独尊。"

4. 出家：29 岁的时候，因感念世间无常，弱肉强食，而且人间多不平现象，遂毅然骑马逾城出家学道。

5. 降魔：在修道的时候，内心有贪瞋烦恼的魔，外境有声色货利的魔。征服魔军的邪恶，不为魔女所诱惑，这需要大雄、大智、大无畏的降魔精神。

6. 成道：降魔以后，终于在 12 月 8 日，于菩提树下金刚座上夜睹明星，而成正觉。

7. 转法轮：佛成道以后，于 50 年中，谈经说法，把真理弘遍人间，使法轮常转于世。

8. 涅槃：80 岁的那年 2 月 15 日，教化因缘已满，遂于娑罗双树下进入涅槃。

佛陀是人间的大圣者，佛陀既生于人间，他的金容相好，就有婴儿、童年、青年、壮年、老年的不同，大迦叶尊者命雨舍大臣所绘的八相成道经过，正可说明佛陀一生的化迹。

（四）金身受灾

佛陀的金容圣身，是那么相好庄严，但是应身的佛陀，在人间的活动，并非顺心如意，百无阻碍。

佛陀的教法，说明这个世间是无常苦迫的，而佛陀一生有为的金容圣身的变化，也正说明世间诸行无常的真理。不管怎么说，功德所修积而成的三十二相、八十种好，总是有为的身相，不是无为的法身。佛陀应化的有为金容圣身，所受的灾害，也是难免的。

佛陀在行路的时候，曾遇到两次灾害：一次是行走轲地罗山时，被怯陀罗毒树的木刺刺伤足踝；一次是在耆阇窟山下经过时，被提婆达多从山上推下的巨石击伤右腿流血。

佛陀有两次对大众宣布他患病的消息：一次命名医耆婆为他调下痢的药，服用后病愈；一次背痛命阿难尊者到村中乞求牛奶，命大迦叶尊者为其诵念七菩提分，病苦得以消除。

佛陀又有两次遇到饮食的困难：一次是在婆罗村安居的时候，适逢饥馑之年，在三个月中，每日唯食马麦充饥；一次出外乞食不遇，空钵而还，只有饿着肚子等待天明。

另外，婆罗门的战遮女，曾当面指着佛陀的金容，诬蔑佛陀；拘利城的善觉王，指着佛陀的圣身，批评佛陀……佛陀的圣身金容，遭受如许的灾害，不了解此中深义的众生，很容易生起疑惑，憍萨弥罗国的国王波斯匿王，曾经针对此问题请问佛陀："佛陀，您的金容相好，品德威严，是天上人间所没有的，但是佛陀您在传播真理的生涯中，为什么会有那些灾害呢？"

佛陀回答："大王，诸佛如来的永恒之身是法身，为度众生，才应现这些灾害，伤足患背、乞乳服药，乃至涅槃，以其舍利分塔供养，这些都是方便善巧，欲令一切众生知道业报不失，令他们生起怖畏的心，断一切罪，修诸善行，获证永恒法身，无限寿命，清净国土，不要留恋娑婆世界的有为色身。"

波斯匿王闻后，疑云顿除，欢喜踊跃，他不但认识了佛陀的金容，更体会到佛陀甚深的大悲心。

伟大的佛陀，他的圣身金容，我们虽然没有看到，但佛陀永远活在我们的心中；那灵山会上，百万人天中央端坐着的相好庄严的佛陀，也将永远依稀地浮现在每一个人脑海里。

三、佛陀的真身

（一）无相真身

佛陀的圣像，我们到处都可瞻礼；佛陀的金容，2 500 多年前，确实曾应现于世间，但佛陀的真身究竟是什么样子？

唐顺宗问佛光如满禅师道：

　　佛从何方来？灭向何方去？

　　既言常住世，佛今在何处？

如满禅师回答：

　　佛从无为来，灭向无为去；

　　法身满虚空，常住无心处。

　　有念归无念，有住归无住；

　　来为众生来，去为众生去。

　　清净真如海，湛然体常住；

　　智者善思维，更勿生疑虑。

唐顺宗仍然有疑，又再问道：

　　佛向王宫生，灭向双林灭；

　　住世四十九，又言无法说。

　　山河与大海，天地及日月；

　　时至皆归尽，谁言不生灭？

　　疑情犹若斯，智者善分别。

如满禅师再回答：

　　佛体本无为，迷情妄分别；

　　法身等虚空，未曾有生灭。

　　有缘佛出世，无缘佛入灭；

　　处处化众生，犹如水中月。

　　非常亦非断，非生亦非灭；

　　生亦未曾生，灭亦未曾灭。

　　了见无心处，自然无法说。

佛陀的真身，就是法身。法身，才是佛陀真正的样子，但法身无相，九住菩萨尚不能见，何况给无明烦恼遮蔽了的众生？法身，无为无作、无形无相、无去无来、无始无终，我们怎样才能见到佛陀的法身呢？

佛经云："断一分无明，证一分法身。"可见法身不是在形相上求见的，法身完全是修证的问题。《华严经》云："法性本空寂，无取亦无见；性空即是佛，不可得思量。"法身是离语言、离文字、离思量的境界，"若人欲识佛境界，当净其意如虚空。"法身，就是虚空身，虽无形无相可言可见，但无形而无不形，无相而无不相，法身是横遍十方，充实法界的。

太原孚上座，有一次在扬州讲《涅槃经》，讲到三德法身的时候，广谈法身的道理。当时有一位参禅的禅师，在法会中听得失笑起来，讲经下座以后，孚上座搭衣持具，很虚心地向失笑的禅师顶礼道："适才某所讲法身，莫非有不是吗？"

禅师回答："你如要认识法身，请你停讲三日，闭目深思，看看法身究竟是什么样子？"

孚上座听后即宣布《涅槃经》停讲三日，自己闭门参究，三日后，他对法身似有所悟，很欢喜的说道：

> 法身之理，犹如太虚，
>
> 竖穷三际，横亘十方，
>
> 弥纶八极，包括两仪，
>
> 随缘赴感，靡不周遍。

从这个公案，知道法身非从形相上去了解，非是语言可以说明。圣像金容，一说或一看，就能知道，唯有法身不是眼耳可以了知，佛陀的无相真身是要从心上去认识的。

（二）真身相用

法身之体，虽然不是有形可见，有相可看，但法身的庄严德相，微妙之用，又不是完全不可知道的。《金刚般若波罗蜜经论》说："法身毕竟体，非彼相好身；以非相成就，非彼法身故；不离于法身，彼二非不佛。"佛陀的圣身金容，不是法身，但圣身金容确又是从法身所显现的相用。

在《密迹经》中说：佛陀圣身，虽然分有法身、报身、应身，可是三身又不二，因为报身、应身，是从法身理体上现起的，离了法身，也就没有报身和应身，所以从应身的金容上也可以测知佛陀的法身。当佛陀应化世间，到处说法时，在每一讲经的法会中，有见佛陀是金色身的，有见佛陀是银色身的，甚至还有见到佛陀是砗磲、玛瑙、琉璃色之身的；有的见到佛陀与人无异，有的见到佛是丈六金身，与转轮王无异，或见三丈、千万丈等种种不同之身。甚至佛陀说法的音声，也有种种不同，有柔软微妙声、有狮子大吼声。其所说法，也是随着各个听众的根器而不同，有闻布施、持戒，也有闻禅定、智慧、解脱、大乘法等等。这不就是从真身本体上所显现的不可思议的法身神力吗？

我们从各种经典中知道，教主佛陀常常在同一个时间，在千万国土里做佛事，有种种名号，有种种身形，有种种教化，这不就是从法身所显现的相用吗？若非法身能显相用，何能至此？一佛的国土是三千大千世界，娑婆只是三千大千世界中的一小世界，佛陀应现世间，若非法身到处可显相用，何能教化三千国土？

《大乘起信论》说：法身，自体有大智慧光明，遍照法界，真实识知。由此可知，娑婆世界的一切，无一不是法身的相用，所谓"溪声尽是广长舌，山色无非清净身。""郁郁黄花无非般若，青青翠竹尽是法身。"在觉悟的圣者眼中，无一不是佛陀的真身，无处不是佛陀的真身。佛陀将有为的身形进入涅槃，是佛陀契合法性，把真身遍在一切法中，一切法中也都有佛陀的真身；佛陀至今还和我们在一起，我们也活在佛陀的法身中。

不但我们活在佛陀的法身中，《楞严经》说："十方虚空世界，都在如来心中，犹如片云点太清。"这如来的心，就是佛陀的真身；宇宙万象，都是佛陀真身的相用。

（三）真身处处

法身，是佛陀的真身，这真身遍满十方虚空法界，所放的光明遍照无量的国土，唯有具足十住的菩萨，才能常常听到法身演说妙法。法身，是佛陀的境界，《华严经》说："大海之水可饮尽，刹尘心念可数知；虚空有量风可系，无能说尽佛境界。"佛陀在各经中不时地指导修学的弟子，如何亲切地认识佛陀的真身。佛陀说："见缘起即见法，见法即见佛。"佛陀的法身就是诸法的自性，若能从缘起法中，通达诸法的空性，就能见到佛陀的真身。《金刚经》也说："若是经典所在之处，即为有佛。"法在佛在，信法就是信佛，佛陀所以是佛陀，因他能契合法性，证悟法性，和法性打成一片；不相信法，不恭敬法，不了解法，就不能认识佛陀的真身。

佛陀的应身，应现的因缘将了，要进入涅槃的时候，弟子们都很悲哀，佛陀就对大家说道："你们不要悲哀，有为的、年老的应身如同破旧的车子，破旧的车子毁坏了，用保养来继续使用，不是永久的办法。我可以把这有为的肉体生命，活上数千万年，和你们共同在一起。但有会合就有别离，这是不变的道理。佛陀进入涅槃，在法性中照顾你们，让佛陀的生命，和无为的法身相应，这生命才是与天地同长，与日月同光！大家今后若能依我的教法而行，那绿色的杨柳，那青青的松柏，都是佛陀的法身。"确实，能依着佛陀的教法而行，就能见到佛陀的真身。

因此，戒定慧三无漏学是佛陀的真身，三十七道品、十力、四无畏、十八不共法等，是佛陀的真身，甚至奉行这些教法的僧团，就是佛陀的真身。

（四）常住真身

佛陀的真身，佛陀的法身慧命，就是六和敬的僧团，佛陀常说："能供养僧，则供养我已。"可见佛陀多么重视僧团！所谓"绍隆佛种"、"续佛慧命"，都要靠僧团。所以，僧人务必在四方努力弘法利生，让佛陀有无量的真身遍满在世界之上！

1972 年 4 月 28 日讲于宜兰念佛会

佛陀的宗教体验

所谓宗教体验，并不在形相上的表现，也不在说得天花乱坠，而是生命的净化与升华，使我们能够转秽成净，转苦为乐。

宗教不是哲学，哲学重在分析、思辨、研究，而宗教则重在实证，此实证就是宗教体验。所谓宗教体验，有时不能以我们观念中的分别语言文字，加以详尽地说明。因为宗教体验是超乎有形有相的语言文字，是一种内心的感受，甚至是扬弃语言文字，对生命所作的一种直观与返照。所谓"如人饮水，冷暖自知"。水的冷热，非得亲自去尝一下不可，同样的，宗教的境界，亦必须实践才能有所体悟。

譬如政府召集海内外学者专家，这些学者，对自己的所知所学都有深刻的体验。在会议中，他们把自己的体验、心得报告出来，贡献给国家、社会，可以推动各项建设；因为他们的体会较深，所以提供出来的意见也富有价值。

同样地，在宗教的信仰里，如果有深切的体验，则信仰能扎根深厚，永不动摇。如果没有体验，纵使有信仰，也仿佛树木没有根，是禁不起外境的考验的。有云："鱼在水中不知水，人在心中不知心。"鱼儿在水里，悠然地游来游去，若不知道自己在碧波里，而向外界再去求水的话，就是一种颠倒。我们每一个人，都有一颗与天地宇宙一样广大无边的本性真心，只是我们对自己的宗教信仰，体验不够，无法认识心中的一片灵台，遂缘木求鱼地向外追逐，徒然离道愈远而已。

古德说："若人识得心，大地如寸土。"假如每一个人都能认识自己心中的人生，使生命扩大如虚空，日月星辰尽含摄在心中，大地哪里还有多余的寸土呢？

所谓宗教体验，并不在形相上的表现，也不在说得天花乱坠，而是生命的净化与升华，使我们能够转秽成净，转苦为乐。"若能转物即如来，春暖山花处处开"。我们有时花费多少岁月，专精地研究教理，付出多少辛苦，专心一意地修行，无非是想在宗教的世界里，证到一片属于自己的天地。可是有多少人浪掷了多少的春秋，虚耗了多少辛勤，由于心为外物所役，不能转境成智、转迷成悟，对宗教的体验不深，所以不能和宗教的真理相应。

"修行三大劫，顿悟刹那间"。宗教的修持，虽需经年累月，但体证却是当下的。过去，有许多参禅的禅师，曾经透过他们的经验说："我打坐、参禅数十年，只有一次在某某道场坐了一支好香。"也有修净土念佛法门的人说："我念佛念了四十年，佛七打了几百次，但是只有一次，在某个念佛堂，念得很有感应。"再多的岁月过去，再多的心血付出，而就在那么一次，能与真理契合，能和诸佛菩萨同一个鼻孔出气。古人说："就那么一次，够了！人生夫复遗憾？"这就叫作宗教的体验。

一般人心目中的佛陀，是神化的佛陀，不是人格化的佛陀。但佛陀不是神，而是一个实实在在的人，是一位完美无瑕的圣人，是大彻大悟的觉者。不过，佛陀的宗教体验，不容易以有形的语言加以解说。他的宗教体验，是无法以我们凡夫的分别知见来了解的，只能近似地去忖度。以下分成数点说明：

一、佛陀的宗教性格与宗教情操

信仰宗教，首先要具备宗教的性格和宗教的情操。综观佛教的现况，虽然佛教的信徒多如过江之鲫，出家僧侣也为数不少。但是真正具备宗教性格和宗教情操的人，就为数不多了。

什么是宗教的性格呢？具体而言，譬如要怀抱出世的思想，要具备远离染欲的性向，要拥有忍辱谦让的气度，要呈现喜好寂静、不乐喧闹的风格，要含存宁愿自己吃亏，对待大众厚道的美德……有了以上这许多的条件，才可以说此人已具有宗教的性格。

过去有一位日本人，批评我们中国人说："中国人是个缺乏宗教情操的民族。"为什么非难我们缺少宗教情操呢？以儒家文化为本位的中国，一向较不注重宗教的性灵层面，即使是流行于一般民间的宗教信仰，也欠缺宗教的情操。

什么是宗教的情操呢？宗教情操所表现的是牺牲奉献的精神，只求施舍不图回报的胸襟，但是我们中国人接近宗教，多数不讲求牺牲奉献，普遍是以贪婪希求为出发点，充满了功利主义的色彩。譬如顶礼佛陀的人少，祭拜鬼神的人多；礼拜菩萨的人少，膜拜妈祖、城隍的人多。因为祭拜妈祖、城隍，可以祈求到自己所企盼的幸福："妈祖啊，求您保佑我发财、买彩票中大奖。""城隍老爷啊，求您庇护我儿孙满堂，享受功名富贵。"这种信仰是建立在贪求觊觎的心理上，而不是奉献牺牲。

真正的宗教情操，是讲求无偿地奉献、默默地牺牲。例如佛教的教主释迦牟尼佛，在因地修行时，往往为了救护生灵，而牺牲自己的生命，那些割肉喂鹰、舍身饲虎的故事，皆说明了佛陀慈悲的心怀。佛陀自己躬身实践慈悲、救拔倒悬之外，并时时教诫弟子们要牺牲自我，利于他人。

佛教这种委屈自己，成全别人的思想，恰与世俗只知从他人之处获取，不肯付出些微的观念格格不入；佛陀这种高远超俗的教义，曲高和寡，一般短视浅见的众生是无法奉行的。

宗教的情操，除了讲求牺牲奉献之外，更要具备坚毅的心志、勇敢的气魄。佛陀最初要出家时，父亲净饭王舐犊情深，舍不得他出家。因此，当尚未成佛的太子悉达多夜半离开王城时，净饭王派人马不停蹄地追赶太子，请他回城。但太子对追赶的人说："世俗纷扰的世界，好比一栋燃烧的房子一般，我好不容易从失火的房屋逃出来，怎么可能再愚痴地回身进入呢？社会上一切物质欲染，如同我吐出的秽物，我怎能再咽下去呢？"佛陀以坚毅勇敢的心志，克服种种来自国家及亲情的横逆，终于完成了出家、求道、成道的历程。

佛陀和我们一般人的性格有种种不同，最显著的相异点，归纳言之，是凡人以贪欲为快乐，而佛陀以贪欲为痛苦的渊薮；世间的人，喜好热闹议论，而佛陀则以喧哗纷争为苦事。譬如净饭王为了打消太子出家的念头，曾命令部属建造春夏秋三时都百花盛开的宫殿，来取悦太子，但是，太子出尘的心，丝毫不为五欲的享乐所打动。

成道之后的佛陀，有一天和阿难尊者出外行化，行至半途，看到许多乌鸦在争食一块死亡多日的老鼠臭肉，互不相让，甚而啄伤对方。佛陀于是对阿难说："末法时期的众生，为争夺财物，打得你死我活，就好比乌鸦争夺臭肉一般愚痴可笑。"在已经觉悟的佛陀看来，世间的声名利养，就像臭肉一样，不值得贪求。

佛陀的性格喜欢追求理想，他希望达到的是一个没有衰老现象，没有疾病的痛苦，没有死亡的恐怖，一切都不增不减、至善至美、最真最圣的清净世界。这个常乐我净的境界，在污浊脆弱的现世间，是不容易完成的，是需要以广大的本愿才能庄严的。

佛陀为了寻找另外一个无争无苦的理想世界，发起四弘誓愿，以无比的慈悲心，度化一切顽强的众生；以坚韧的勇猛心，断除一切障道的烦恼；以不懈的精进心，学习一切趋道的法门；以无上的菩提心，成就圆满的佛道。这一切异乎常人的性格、情操，都注定他成为众生慈父、救世教主的伟大佛陀。

二、佛陀的苦行生活与降魔精神

希望有深切的宗教体验，苦行也是一种过程。佛陀当初为了求道，特地跑到苦行林修苦行，体验宗教的精神。他首先训练自己，在饮食上减少餐次数量，甚至到绝食的地步。佛陀曾在雪山 6 年，只食一麻一麦，以淡泊物质，来砥砺求道的心愿。由于绝食，身体缺乏应有的供给，使得他的手脚经常颤抖不已、心脏收缩不规律、身体虚弱无力、冷汗沁肤循环不良；眼前常会一片蒙眬，无法分辨事物。想要坐起来却躺卧下去，想要站起来却力不从心，完全失去自我主宰的能力。

佛陀在绝食之前，有时也学习鸟群食粟、学习鱼儿喝水、学习牛羊吃草、学习猿猴啖果，严厉地要求自己从各个角度去修持苦行。除了在饮食上彻底地自我克制之外，佛陀更实践禅坐，多少的光阴在静坐中流逝了，佛陀依然胁不就席，打坐观照自心。由于打坐的时间很长，树木的葛藤从他座位的周围，穿过腰身，慢慢伸长出来；鸟雀在他的头顶上做了窠巢，仍丝毫没有惊动其甚深的禅定。

佛陀由于饮食稀少，苦行又深，因此身体日益消瘦，皮骨相连。但是，佛陀却更严格地以停止呼吸来磨炼自己。此时他全身感到极端不适，只觉耳中轰轰如雷鸣，眼前金星缭乱、天旋地转，头上仿佛有千百条皮鞭在抽打，骨中好像有万把刀剑在挖割。这些苦行，使他的肉体遭到难以忍受的痛苦，但是更无法克服的是来自于内心深处的魔障。

平时我们一提到魔，总是联想到青面獠牙的鬼怪，或者是妖媚惑人的魔女。其实，魔不一定来自外在的魔子魔孙，或者是夺人生命的鬼魅魍魉；我们心中就藏着许多的魔，伺机侵犯我们。魔，概而分之，在外指六尘的染着，在内指三毒弊害。

佛陀所感受到的魔，如少年时代的种种甜蜜回忆，温馨难忘的亲情，对父亲、姨母、兄弟、妻子的感情等，交织成一面黑色的网，网住了他的心，不得自由。他所不想要的虚名假利，就像绳索一样，束缚了他的手脚，不能迈步前进。他所希望达成的，却因为种种的权势暴力，而不能如愿以偿。

这一切逆境艰苦就是魔，而最大的魔莫过于欲念，佛教把财色名食睡称为五欲，是障碍佛道的魔。魔和鬼一样，社会上的人，也知道把五欲看成魔鬼般来远离它们，譬如一个人酒喝得太过分，就称此人为酒鬼；抽烟抽得上瘾时，称之为烟鬼；赌钱赌得不知晨昏，而又倾家荡产的，称之为赌鬼；好财如命、悭吝不拔的，称之为财鬼；贪好美色的，称之为色鬼，可见五欲的魔鬼经常缠绕着我们，和我们打交道。

在佛陀修行的过程中，钱财并不能动摇他。他以太子之尊，把享受不尽的荣华富贵都舍弃了，何况是锱铢薄财。佛陀对物质视如粪土，没有拥有的念头；对于饮食也力求简单，不加重视。过去锦衣玉食，日食千金，不以口爨为乐；现在粗茶淡饭，甚至日中一食，也不以为苦。至于睡眠，时间的长短、床卧的舒适与否？对太子而言，都是无关紧要的事，反而以睡得少为乐事。谈到"名"，佛陀当然没有名闻的欲望，他贵为太了，马上就可以继承王位，成为国王，接受万民的拥戴。他连国家都抛弃不要，还要什么虚名呢？

他想要的是解救众生，与一切众生共享共有，与真理同存同在。佛陀将涅槃时，弟子请示他："佛陀，你涅槃之后，我们应该如何对您思慕与纪念呢？"佛陀慈祥地回答弟子说："在十字路口建立宝塔。"这并不是佛陀希望建筑宝塔，好让众生来纪念他；佛陀对于声名视如过眼云烟，增一分减一分都无损其人格。佛陀嘱咐弟子建宝塔，主要是让众生见塔如见佛的真身，知道精进学法；只要对大众有益处的事，佛陀都会慈悲去做。

目前社会上有一些人，做一件好事功德，为了表示清高，则说："我不要名，替我登记无名氏好了。"登记无名氏，仍然要名，为什么？因为执取了"无名氏"的名。佛陀对人间的名声闻达，早已觉悟其虚妄性，佛陀所做的一切，只想对众生有所贡献。

在佛陀降魔的心路历程中，比较难以克服的是"情欲"。情欲是一种本能的冲动，也是生死流转的根本来源，是超凡入圣必须通过的难关。但是，有时心中所想的却不能和行为合一，必须以极大的力量来克制内心的欲念。佛陀在雪山 6 年的苦行生活中，借着吃得少、睡得少，来劳其筋骨，饿其体肤，以减轻欲念，但是佛陀最后觉悟到：世间上的人追逐物欲，沉迷在声色犬马之中，太过享受，固然不易达到解脱大道，但是太过于苦行，使身心受苦，形同槁木死灰，也不能证悟菩提。一切的苦行，是没有办法进趋大彻大悟的法门的。最好是舍弃苦乐二边，过着不苦不乐的中道生活。

佛陀经过这一番深切地体验之后，了解苦行的不究竟，于是离开了苦行林，到菩提伽耶，正念端坐于金刚座上，重新调整修行的方法，来观照宇宙人生之缘起本心，终于夜睹明星而大彻大悟，成为圆满正觉的佛陀。

三、佛陀在菩提树下的证悟

佛陀在金刚座上，究竟证悟了什么？佛陀所证悟的是："我现在知道的，和世间上的人所知道的是不一样。我认为美好的，他们认为不好；我认为道是至真至贵的，而众生畏苦裹足不前；我体悟到欲念的痛苦，而众生却贪爱趋之若鹜。"佛陀证悟的是什么道理？简单地分为四点来说明：

1. 佛陀感受到过去的人和事，都清晰地浮现在眼前，历史上的种种，都历历在目地展示在眼前，过去、现在、未来，并不是截然不同的三个阶段。时光流年，被一条细长的环索，绵绵密密地连缀在一起。原来，无始无终的时间，是在当下的一念，这一念之下，已具足了三千大千的风光霁月，说明了佛陀的修证，已经超越了时间的限制，佛陀的法身是存在于一切时中。

2. 佛陀感受到远近的世界，慢慢地向他靠拢而来，山河大地在他的眼前，散发出五彩的光芒。过去污秽的，现在转变成清净；过去丑陋的，现在是多么美好；过去黑暗的，现在呈现着一片光明。从青山的翠碧中，他体悟到佛性真如；从溪涧的涓流里，他验证了无我的真谛，感受了生命的永恒。世界的远近，对佛陀好像已经没有了隔碍。这说明佛陀所觉悟的，已经超越空间的有限性，遍一切处而常转法轮。

3. 佛陀觉悟到世间上的烦恼、不如意，只是假名而已，而众生无知，执假为真，计较人我是非，妄起贪瞋痴，以圣者的智慧来看，实在是百无聊赖，甚为可悯。

佛陀证悟到，生死无非是假相。众生随着业力，在生死之流中，生了又死、死了又生，常人不知，信以为实。其实，生死不是两个，而是同一件事。表面上看起来，生命的诞生，有种种的形相，种种的欢喜；生命的殒灭，有种种的伤感，种种的悲哀。以悟者的心智观察，则一切皆为虚妄。死亡，只不过如同旧屋残破剥落，搬了新家而已，身体好比房子损坏了，换一个好身体，如此而已。

事实上，生就是死，死就是生，生并非真正的生，死也非真正的死，吾人之所以贪生怕死，乃"我执"在作祟，一旦有了我执，世间上的纷扰、动乱、痛苦，就会如影随形般逼迫而来。去除了我执，生即是死，死即是生，生死一如，表里不异，当下就能得到大解脱，获大自在。佛陀此时的心情，恰如《般若心经》的"照见五蕴皆空"，除去我执，证得我空，因此能够度一切苦厄，超脱生死轮回。

4. 佛陀觉悟到我和一切的人类、万物，原来没有对待、差别，虽是草木沙石，也具有菩提道种，皆为平等。佛陀发出震撼古今的宣言说："奇哉！奇哉！大地众生皆有如来智慧德相，只因妄想执着而不能证得。"一切众生，本自具足佛性，只是众生因为妄起执着，一念不觉，遂沉沦于生死海中，佛陀证悟到人生也好，宇宙也好，一切都被包含于万法缘起的理则之中。所谓缘起，即待缘而起，没有独立性，恒常性；所谓缘起，即是物物之间，互为因缘，关系密切，人我本为一体，我和你非二，乃至一切万物皆无差别；生命彼此是贯穿在一起，融合在一起，彼此没有隔阂，没有障碍。

一切的生命皆由如来藏中所引发，菩提种中所生出，我即众生，众生即我，因为万物一体，心、佛、众生三无差别。我帮助你，非帮助你，而是爱护自己；我仇恨你，即仇恨自己，如果能够了解此理，则人人应该互相尊重，共容共成。佛陀由于证悟了实相，因此兴起大慈悲心、大平等心，可运用大智慧来救度和他一体不二的众生。

四、佛陀觉悟后的宗教体验

觉悟后的佛陀，如何享受他的般若生活，分为四点来说明：

（一）佛陀的一日生活

想象中佛陀一天的生活，或许如小说家笔下描写一般，驾着祥云紫雾，飞翔于天上人间，运用神力变大变小。其实，那是虚幻不实的神，而佛陀是一位实实在在的人。他一天的生活大致如此：早上天尚未破晓即起，盥洗，然后打坐。或许有人会质疑：佛陀都已经成道了，还要打坐做什么？

佛法对于学佛的人，有两方面的受益，一为自受用，一为他受用。自受用，即在佛法中找到安止身心的法乐，也就是自度自利；他受用，即弘扬佛法，让佛法的法益普被于三根，是度人利他。能够在佛法中体会到自受用，必能植根深厚，虽经诋毁侮辱，遭到横逆迫害，也不会忘失道心，率尔轻离佛门。如果能够激发他受用的慈悲心，广度一切有情，则圣教可以推扬。

事实上，他受用即自受用，自受用乃为了完成他受用。譬如佛陀虽然已经开悟，仍然在勤修禅定法门，此乃佛陀自受用的境界，在禅坐中和真理融合，享受无法言喻的禅悦寂静。然后，再以禅定中所证得的智慧慈悲，去教化众生，以收他受用之效。

佛陀禅坐之后，出门托钵。托钵的制度，在原始佛教僧团中，非常被重视。因为托钵使佛教和信徒密切地接触在一起，缁信以饭食来供养僧侣们的色身，僧侣们则以佛法来普滋信众的慧命；一为财布施，一为法布施，财法二施，等无差别。

佛陀托钵毕，为供养的信徒说法，使他们于信施中，得闻清净法，生大欢喜心。然后返回精舍，食用托钵而来的供养，食毕，洗涤瓦钵，吸取清水，沐洗双足，整理衣单，铺好座位，然后安详入座。即使是圣者的佛陀，也很重视生活中的辛勤劳作，佛陀以身作则，为我们树立了一个典范。

佛陀打坐完毕，会集合比丘弟子们开示教诫，主要讲的是戒法律仪，使弟子们能够如法行止，维持僧团的清净和合。佛陀对弟子们开示之后，有些信徒由于清晨晚起，来不及供养佛陀，这时候，三五成群地把东西送到精舍，等待供养佛陀，佛陀接受他们的供养，同样慈悲地为这些信徒讲说佛法，使他们福慧双修。

信徒们离去之后，佛陀静静地到精舍的各堂口去巡视，看看出家的弟子们如何精进修行，并且实时给予最适当的调教，和解决他们的困难。佛陀的慈悲就像和风煦日，无私而普遍地照拂着每一个众生。接下来大约下午 4 时或 5 时，于是再盥洗、沐浴，然后静坐。

到了夜幕低垂，佛陀仍然不忘说法。初夜时分，把遭遇重大困难、问题重重，或者是烦恼深重、打不开心结的弟子，个别叫来，殷切地开导他们，佛陀的慈爱，仿佛春晖般的细腻，随时随地都关护着弟子。午夜时，大约晚上 11～12 时，佛陀在禅定中，为天人演说天乘之法，使他们生大信心，护持佛法。到了下半夜，相当于 2～3 时，佛陀或经行，或以右手托头，如弓状般吉祥而卧。这就是佛陀一天生活的概况。

佛陀的日常生活，粗观之，不是和我们的生活没有两样吗？佛陀和我们凡夫相同，也必须吃饭睡觉，也一样走路讲话。其实细察之，其中的内容却大不相同。佛陀一日的生活是实践六度精神、表现般若风光的生活，和我们凡夫计较纷争的生活，是截然不同的。譬如佛陀披搭袈裟，乃警示沙门释子，不忘常行清净戒法，即持戒波罗蜜；沿门托钵，使信众们得种福田，并为之说稀有之法，即布施波罗蜜；不分贵贱，次第乞食，不避侮蔑，普行劝化，即是忍辱波罗蜜；洗钵铺床，勤奋不息，是精进波罗蜜；静坐冥思，观照空理，即禅定波罗蜜；这一切皆为证悟真理所流露出来的悟者的生活，即般若波罗蜜。佛陀所过的生活正是平等解脱、慈悲喜舍的六度生活。

我们凡夫也需要穿衣饮食，但是所表现的心态却大不相同。《阿含经》上说，有情众生以四种食物长养依身：一为摄养滋长形体之段食；二以衣裳、华盖、香油使肌肤接触之后，产生触喜、爱乐之事的触食；三为靠思念以忘饥的思食；四为以心识而支持身命的识食。经上又说圣贤有五种出世食：一为禅食，一为愿食，一为念食，一为解脱食，一为喜食。

根据《心地观经》的说法，三世诸佛出生于世间时，即为众生演说四食，但是，这四种都是有漏的世间食，只有法喜禅悦食才是圣贤所食的。我们食用一切，所持的是贪着、差别的心念，骄矜自满的态度。而佛陀每吃一口饭，则感念众生的恩泽大如须弥山；每踏出一步路，就想引导众生跨过茫茫苦海；每讲一句话，无不想将佛法贯穿众生的心房；佛陀沐浴，是为了洗净众生无始以来所熏染的尘垢；佛陀巡视教团，是希望众生能够早日成佛；佛陀无时无刻不在念念众生的哀苦；无时不在随地随处行大慈悲。佛陀四十多年化他的生活中，每日仍然不忘独居冥思；从日常的一言一行中，呈现出不贪、不瞋、不妄求，无对待、无差别、无执着，真理合一的圣者境界。所谓"平常一样窗前月，才有梅花便不同"。佛陀的生活是多么的平实，而又不同于凡俗。

（二）佛陀如何应付困难和挫折

佛陀虽然过的是六度的生活，但是，佛陀所遭遇到的困难和挫折更是众多。我们处世接物，遇到困难和挫折时，如何应付呢？是消极地逆来顺受，还是积极地排除困难呢？举例说明圣者的佛陀，是如何以他的智慧来排难解纷。

佛陀成道以后，受到国王乡绅们的供养固然很优厚，但是有时出去托钵，无人布施，空钵而回的例子也有。譬如有一个富人名叫阿耆达，到祇树给孤独园，聆听佛陀说法，看到佛陀相好庄严，生起大欢喜心，想请佛陀到自己的住处供养，于是请求佛陀说："佛陀，请您到我住的地方，接受我的供养。"佛陀说："你住的地方离开这里有一二百里，太远了。""佛陀，我住的地方的确偏远了些，但是那里没有佛法，那里的大众需要您的法雨滋润。""我的徒众很多，不便前往。""佛陀，没有关系，我的住屋宽大，请比丘们一齐去，让我行布施吧！"佛陀看到阿耆达诚恳的邀请，为了不忍拂逆他的好意，于是答应他的请求。

阿耆达一看佛陀答应接受供养，满心欢喜地回去。回到家里，三朋两友力邀他参加宴会，并且建议把阿耆达家的花园布置得美轮美奂，共同举行舞会娱乐。阿耆达一时迷于玩乐，竟然把供养佛陀及佛陀弟子的事忘了，更甚的是，阿耆达还嘱咐仆人，舞会期间，一律不见访客，以免受到打扰。约定的日期终于到了，佛陀带领弟子来到阿耆达的家中，阿耆达和友人正在后花园鼓瑟作乐，仆佣也不敢进去通报，没有人招呼佛陀。佛陀无法可施，只好对弟子们说："这户人家忘记约定，我们大家四散到各处去托钵吧。"

屋漏偏逢连夜雨，大家到处去托钵，不巧此地刚遭逢饥馑，民风浇薄，没有信仰，看到一群比丘手持钵盂来托钵，都紧闭门户，不愿意供养。三天过去了，五百弟子持钵出去，都是空钵而回。弟子们三天来粒米未食，佛陀也寸食未进，弟子们也还能忍耐。但是，关心佛陀的弟子非常着急，想尽办法托些食物来供养佛陀。最后，阿难尊者好不容易托到一些马吃剩的麦子，百般拜托另一户人家，将此半钵的马麦煮熟，然后亲自捧给佛陀食用。佛陀看看一群饥饿的弟子，不忍心独自享用马麦，于是叫弟子们坐下，共同来分享这半钵常人无法下咽而香味四溢的马麦。饥肠辘辘的弟子们分享佛德，吃到这珍肴美味，顿时饥饿全消，法喜充满，感谢地说："佛陀，弟子们唯有依靠您的威德，才能渡过难关。"然后，大家欢欢喜喜地跟随佛陀回到精舍。

佛陀和弟子们返回精舍不久，阿耆达蓦然想起供养佛陀的事来。"唉呀！不得了！我要供养佛陀，佛陀光临了吗？"仆人回复他："早就回去了！"阿耆达听了，赶快备办丰盛的物品，带着惭愧的心，到祇园精舍去向佛陀忏悔。佛陀看到一脸羞惭之色的阿耆达，温和地安慰他说："没有关系，人难免会遗忘，事情已经过了，不必再耿耿于怀。"

佛陀的境界，早已超越世间的有无得失，丰富的供养牵动不了他的心，空无一物，甚至食非人之食，也不以为忤。佛陀在有无之中，已经证得有无一如、自性平等的境界。

佛陀所遭遇到的困难非常多，尤其是因弟子们而招来的麻烦，更是不少。譬如有一对男女青年已经订好婚约，并且选定某一天由女方依照风俗到婆家去回拜。当天这个少女清晨就起来调制香饼，准备带去给婆婆。饼刚刚做好，恰巧一位比丘来托钵，信仰虔诚的少女便把饼供养了比丘。比丘把饼带回精舍和大家分享，由于香饼实在美味可口，没有食用到的比丘们，纷纷到少女家中托钵，少女又把要带去当礼物的饼全部供养比丘了。最后只好改变主意，明天再去会见婆婆。可是几天下来，比丘们天天来托钵取饼，少女始终无法成行，终于引起男方的误会，扬言说："双方约好日子怎么不来呢？莫非想赖婚不成，既然你们如此没有诚意，我们就不要结婚吧！"男方不听女方解释，强行解除了婚约。

女方的父母把女儿因为供养比丘，而遭到被退婚的伤心事，一五一十地禀报佛陀。佛陀一听，立刻召集全体弟子，制定戒律，告诫弟子托钵受供应注意的事项。佛陀的悲心，希望普天下有情人皆成眷属，非只为自己能满足口腹而已。佛陀对世间的人情来往还是不偏废的，这说明了佛陀是出世而不离人间的。

佛陀受到来自外道的迫害也很多。例如外道怂恿一位名叫孙陀利的女子，经常出入祇园精舍，以诬害清净的僧团。孙陀利甚至被外道杀害，而嫁祸于僧团，但是，佛陀以大智慧使原凶就擒，洗除了冤枉。诸如此类的伤害打击，真是不胜枚举，但丝毫不能损害佛陀圣洁的人格。这些来自于外界的恶意中伤、狠毒迫害，并不能影响佛陀为教、为众生的悲心。佛陀最伤心的是来自于内部的不和，尤其是弟子提婆达多的叛变。在佛教的僧团中，由于普遍摄纳，因此佛陀的弟子良莠不齐，有圣贤，也有愚劣。

僧团本是讲求六和无争的团体，但是根器比较顽劣的弟子，有时也会有意气之争。譬如有一次佛陀在俱睒弥说法，弟子们发生激烈的争执，互不相让，佛陀于是为弟子宣说长生童子以忍止争的感人故事。在种种艰难困厄之中，让佛陀最为伤感的是跟随他出家的堂弟提婆达多，为了争夺僧团的领导权而公然背叛佛陀，破和合僧。事实上，提婆达多认识不正确，佛陀是以如明月般的圣洁道德来领导僧团，这不是任何暴力或权势所能取代的。

提婆达多背叛了佛陀，并恶毒地对佛陀的弟子发出宣言："你们跟随佛陀出家，现在佛陀已经渐渐老了，佛陀的僧团，苦行色彩越来越淡薄，若不认真修习苦行，怎能成道？我有阿阇世大王的护持，要苦行、要物资都比佛陀方便。"一些信仰不坚定的弟子，经不起提婆达多的诱惑，也背叛佛陀，看风使舵投到提婆达多的团体。一心一意致力于组织清净无争的僧团，维系诸佛慧命于不堕的伟大佛陀，遇到这样的事，怎不伤怀？但是，佛陀哀而不怨，静静地开示弟子们说："芭蕉的心如果长实了，就容易倒塌；骡马如果怀孕了，离死期就不远；小人如果得到太多的供养，享受的物质太丰富，道业就容易消失，失败就迫在眉睫了。"佛陀所哀伤的是众生的愚痴，自弃真理之门而不自知，而不是为个人的荣辱伤感。

跟随提婆达多的弟子，凶恶地发出狠话，要加害佛陀。跟随佛陀的弟子赶紧拿出棍棒保卫佛陀。佛陀一看弟子们准备动武，莞尔一笑，告诉大家说："你们太傻了，成了佛陀的人，还需要用棍棒来保护吗？收起来，大家静坐念佛、念法、念僧吧。"佛陀的大弟子舍利弗尊者于是到对方那里，展开无碍的辩才，把背叛佛陀的弟子，甚至提婆达多的弟子都说服回来，归投佛陀。佛陀看到迷途知返的弟子，不瞋不喜，只是淡然地说："只要回头就是彼岸，大家精进，切莫放逸。"已经证悟无生的佛陀，是不会唾弃任何顽强的众生，佛陀只是担忧圣教衰微，众生随业轮回，时时兴起大悲心来救度沉沦。

除了内忧外患交迭而成的煎迫之外，佛陀一生所遭遇的坎坷，实是笔墨所无法描述的。即使到了晚年，父王净饭王、姨母大爱道的涅槃，弟子舍利弗的去世、目犍连的为教捐躯，甚至释迦族的被灭，都使佛陀为之忧感填膺。自觉圆满的佛陀，充满着人间的感情，面对生死无常，不是如草木般枯槁无情，只是佛陀是证悟真理，了脱生死的圣者，彻悟人有生老病死，分段往还，而法是恒常不变。一切的攻击伤害，对佛陀而言，都是进趋真理之途的逆增上缘。

（三）佛陀如何教化弟子

佛陀教化弟子，是依据弟子的根器，而给予种种不同的教化；好比医生视病人病情的不同，而施以各种药物。

佛陀对于能够依教奉行的弟子，耐心地给予调教；对于不能依教奉行的弟子，也方便地加以摄受。佛陀自己经历过多年的苦行，了悟苦行的不究竟，但是弟子大迦叶喜好苦行，修持头陀，佛陀虽然不加以鼓励，但也不阻止，并为大迦叶尊者说不苦不乐的中道生活。另外像阿难尊者为佛陀姨母请愿，让女众出家之事，佛陀虽然不赞成，但也不会坚持己见，固执不采纳。

佛陀对弟子的爱护是细微的，再愚笨的弟子，佛陀也不厌其烦，谆谆教诲。在佛陀的弟子中，有一位名叫周利盘陀伽，脑筋鲁钝，看经典过目即忘。他懊恼异常，佛陀于是教他持诵"拂尘除垢"的偈颂。周利盘陀伽遵照佛陀的指示，每天手持扫帚，一面认真地洒扫尘埃，一面用心地持念"拂尘除垢"，佛陀并不时地给予开示。日复一日，年岁推移，终于扫除内心的尘垢，重现智慧之光。

对于懈怠不知精进的弟子，佛陀激励他上进；对于操之过急，过分勇猛的弟子，佛陀则教以缓和。有一位闻二百亿比丘，是个琴艺超群的音乐家。由于他平日娇生惯养成性，乍入僧团，不适应沙门生活的清苦，加上他因过于精进，身体不支，一天一天的虚弱下去。佛陀看到日益消瘦的闻二百亿，于是就近取喻，告诉他说："修行就像弹琴，琴弦拉得太紧容易断，放得太松则不能成音，如果不急不缓，就能弹出美妙的声音。修行也要不急不缓，恰到好处，才能持久有成。"

佛陀对于弟子的教化方法，常是观机逗教，应病予药。而所教化的对象，则不分贵贱、贫富，一律加以关爱。譬如担粪的尼提、理发匠的优波离，佛陀都慈悲纳受，让他们成为僧团中的一分子；佛陀曾经救度五百贼人，使其弃邪归正，信仰佛教；并智引三迦叶兄弟皈依正教。佛陀亦曾教导过妓女，使入正道；感化鬼子母，让她爱人子如己出。

佛陀视一切弟子如同自己的亲生子女，佛陀举例说：一个父母生有七个孩子，六个身体健康，健壮如牛，只有第七个孩子体质羸弱，百病丛生。父母对孩子的爱本是相同的，但是，对于病痛的孩子所付出的关爱，是更深刻、急切的。佛陀对于苦难的众生，也是格外怜悯、体恤的。

又好比有三块田畦：第一块嘉禾累累；第二块由于缺水，果实苦涩；第三块则土壤贫瘠，荒草丛生。农民如果要开荒屯垦田园，一定先耕种第三块。常人因生病了，才需要医药诊治；幼童由于懵懂无知，才需要庠序之教；众生有了烦恼，才需要佛陀的慈光被照，法水滋润。佛陀是众生依止生命的堡垒，是众生倾诉委屈、心事的良师。

佛陀如何摄化弟子呢？略而言之，约有四点：

1. 以慈摄众：佛陀不辞辛苦为有病比丘看病，服侍其起居，为比丘煮粥疗饥，为目盲的弟子穿针缝衣，不厌繁琐。佛陀不以力量来摄取大众，而以世间无以伦比的慈悲来摄众。

2. 以法领众：佛陀不以权威武力来压迫大众，权威只能服人之面，而不能服人之心。佛陀树立了如皎月清风般的圣洁风范，其崇高的道德，伟大无匹的人格，使众生由衷生起恭敬，而心甘情愿接受他的领导。

3. 以智教众：佛陀成道以后，四十余年间，昼夜六时、三周演说四谛、十二因缘妙法，并且善喻举例，以幽默轻松的口气，来开启弟子的迷津。

4. 以法养众：佛陀不以金钱财物、美衣珍肴来养活众生，而以禅悦法乐，来滋润众生慧命。财宝有散尽的一日，而法喜是历久弥新，源远流长。

（四）佛陀如何享受宗教体验的生活

佛陀对于世界一切的享乐，已经断除贪恋之心，但是佛陀在宗教体验的生活之中，享受到无法言喻的法乐。佛陀如何享受宗教体验的生活呢？

1. 以如生活：佛陀已证得真如法身，不为五尘所染，不随五欲而转，一切如如不动，而能应行世间，普度有情。如皓月映千江，自性本清净；似丽日悬天际，光明遍照耀；慈悲不减，智慧彰显，是表现法身遍在、应世无碍的真理生活。

2. 以缘行化：佛陀观十二缘生缘起之法，而成正等觉。佛陀教化众生也随顺因缘，能度则度，毫不着意。佛经上说："佛门虽广大，不度无缘人。"佛陀虽有种种神通，然不能度无缘之人。但以众生无尽，因缘不具足，更显出佛陀的慈悲无限，待缘而度一切众生。众生虽顽劣，不知亲近善法，但是佛陀则常垂双手，等待众生伸出求救的手，因缘聚集时，佛陀仍然不会放弃任何众生，而慈悲加护。

佛陀不仅救拔有缘之人，更扩而大之，"无缘大慈，同体大悲"普济一切有情；佛陀的慈心悲愿是难以测量和窥知的。

3. 以智拥有：佛陀未出家前，拥有美满的家庭，显赫的功名，享用不尽的富贵。出家后，受到国王的优厚礼遇，檀信的虔诚爱敬，营建精舍道场，资具无缺；弟子入门者众，常随左右，集至高无上的荣耀于一身。但是，在佛陀心目中，这些东西好比浮云行空，瞬即消逝，不足挂碍于心。一切施舍从十方信众而来，还施于十方信众，随缘来、随缘去，恰似蜻蜓点水，了无余波，自在逍遥。佛陀所拥有的是如来种子的散播，菩提道种的深植，这是无上智慧的拥有。佛法本自具足一切，佛陀认为四句偈胜于三千大千微尘般的七宝，这是千金难换、不增不减的真理融合。

4. 以定安住：我们经过一天的忙累，需要温暖的家来安顿疲惫的身心；鸟儿觅食厌倦了，也需要窠巢来栖止弱小的身躯。但是脆弱的国土，必有毁坏的一日，什么才是永久无忧的安乐国？我们应该安住在哪儿才安然无恙呢？佛陀告诉我们一个去处，安住在禅定之中。

禅定的世界，是个"寂然不动，感而遂通"无住的活动世界，这里面充满无限的禅味，深深的禅意。这里有的是洒脱、自在、活泼的禅风光，与宇宙天地俱在的永恒。

以上将佛陀的宗教体验，简单地分成数点说明。佛法如大海，如果能够得到一瓢水，也就受用不尽了。

1979 年 11 月 7 日讲于台北"国父纪念馆"

阿罗汉的宗教体验

阿罗汉为了学道求法，会严厉地自我要求；
为了弘法度众，会无私地奉献自己的大慈悲。
而他们虽然生活俭朴，却处处给人欢喜和方便；
虽然清心寡欲，却有着浓厚的道情法爱。

2 500 年前，佛陀为了体验真理，历经艰难困苦，终于证悟成道，创立了六和僧团。而证悟的阿罗汉为了学道求法，也不惜一切辛苦，成为僧团的柱石。到底阿罗汉的风姿如何？他的宗教体验又是怎么样的情况呢？今分述如下：

一、阿罗汉的意义

一般人提到阿罗汉，总以为是奇形怪状、其貌不扬，甚至是疯疯癫癫的人，或者是如神仙一般，神通广大，天上人间，翱翔自如。在中国佛教里有两句话："内密菩萨行，外现罗汉相。"意思是说，此人内心很慈悲，含藏无尽的智慧与正直，但是表现在外面的，却是冷漠严肃、不拘小节、自度自了的罗汉相。而常人往往认为阿罗汉就是一副装疯卖傻、不修边幅的憨态，其实皆冤枉了阿罗汉，错认了阿罗汉的真正面目。以下分为四点来说明阿罗汉的意义，使大家认识阿罗汉的真正风貌。

（一）阿罗汉的风姿

阿罗汉的风貌并不是癫痴憨傻，反而是非常注重威仪庄严的，从跟随佛陀出家修道的弟子们来看，或者以佛陀的十大弟子为例，阿罗汉各有不同的风姿，有的如满腹经纶的学者，有的像文质彬彬的绅士，有的似温文儒雅的君子，大部分都是威仪堂堂、风度翩翩。譬如《金刚经》中所提到的须菩提尊者，他那谦和、忍让的德行，及发诸于外的修养德行，一看就知道是圣者的风姿。比如当须菩提安坐在一处，别人请他坐到别处，他立即坐到别处去；刚一落座，又有人叫他坐回原位，他也不以为忤地回到原位坐下。有时站着，有人叫他坐下，过了片刻，此人又叫他站立，他始终心平气和地随顺他人的意思行止，毫不计较。这种忍辱无争的风度，不正是圣者的榜样吗？

生活在今日纷扰烦嚣的大众，更应该学习须菩提尊者的忍辱谦和，才能安和乐利地过日子。譬如我们搭乘公共汽车，当有人争先恐后地抢着上车，让他先上，表现我们宽容的气度；骑摩托车、驾驶汽车，不要逞一时之快抢车道，退让一步，不但可以确保自身的安全，并且可以影响他人，提高社会的道德风气；在家庭中，父母、夫妻、亲戚，有利益时，彼此不要贪求争夺，应该让给对方，不意气用事，不斤斤计较，以表修养。

或许有人会怀疑佛教是要人处处忍让、吃亏的宗教，其实不然，佛教有时也告诉人要勇敢争取，只是佛教认为该争取的不是个人的声名利益，而是争大众的利益，争国家民族的存亡兴盛。

富楼那尊者是佛陀诸大弟子中，非常善于说法的大阿罗汉，他经常往来于各地，宣说佛陀的教义。有一天，他恭敬地向佛陀辞行，说他打算到北方的偏僻地区——蛮荒未开的输卢那国布教。佛陀听了，赞许他的弘法热忱，然后委婉地说："富楼那，那个地方文化未开，民风暴戾，老百姓野蛮粗鲁，弘法布教很困难，你最好不要前去。"

富楼那信心百倍地回答："正因为输卢那国的人性凶恶，人民知识浅薄，弟子更要前往将佛法传给他们。"

"话虽如此，但是当地的人民，不但不接受你的佛法，还会破口恶骂你。"

"佛陀，他们骂我，又不痛不痒，只要他们不打我就好了。"

"万一他们用棍棒、瓦石打你呢？"

"那也没有关系，只要不将我打死，让我一息尚存，我还是能宣扬如来的圣教。"

"如果他们穷凶恶极地把你打死呢？"

富楼那意志坚决，毕恭毕敬地回答佛陀："佛陀，即使他们把我打死了，也没有遗憾！我身为您的弟子，有机会将生命供养佛陀，为真理而牺牲，我将衷心感谢输卢那国的老百姓完成我弘道的心愿。"

富楼那尊者这种大勇无畏的风貌，哪里是退缩消极的避世者呢？我们处于横逆频仍的今日，要学习富楼那的精神，为了国家民族得以延续生存，历史文化得以宣扬弘大，即使把生命贡献出来，也是值得的。

在常人的观念中，阿罗汉一定是个终日眼观鼻，鼻观心，静坐无为，不管人间诸事的自了汉。事实上，阿罗汉是充满热情与活力的，如佛陀的弟子目犍连尊者。有一次，外道为了阻碍佛陀到某处说法，把佛陀必须经过的一座桥梁破坏，目犍连于是运用神通，将系于身上的腰带，化成一道桥，让佛陀平安无阻地到达彼岸，留下"宝桥渡佛"的美谈。后来他为了解救五百释迦族的生命，违背了佛陀所立的"不得施展神通"的教诫。他这种卫道护法、甘冒呵责的热情与风范，让几千年后的我们深深敬佩不已。

还有阿难陀尊者所呈现的温和谦让的美德，忍受批评诽谤的雅量；迦旃延尊者善于议论的无碍辩才，令邪说遁隐，圣教显扬，都是令人钦佩的。阿罗汉的风姿是什么样子？是谦逊、是温和、是勇敢、是热情、是活泼、是积极进取的圣贤风姿。

（二）阿罗汉的性格

东西有它们不同的性能，人类也有异于其他动物的性情，同样地阿罗汉也有超乎常人的性格。证得果位的阿罗汉们，大多是从忍辱、无争、少欲中发扬清净的佛性，表现崇高的德性。从舍利弗尊者的事迹里，可以了解阿罗汉的忍辱是多么可爱。

佛陀的弟子们经常跟随佛陀到各处行脚、布教。在众多的弟子中，有圣贤者，也有风度较差的愚痴比丘。有一次，大家随着佛陀出外布教回到祇园精舍时，自私的六群比丘抢占上等床铺、坐位。贪图安逸原为人之常情，但是六群比丘的这一番争抢，把首座长老舍利弗的床铺也占去了，尊者无奈，只好沐着清凉的夜露，盘腿坐在大树之下。夜半时，佛陀起来巡视，看到月光朦胧的树影下，端坐着一个人，于是问道："是谁坐在那里？"

"佛陀，是我舍利弗。"

"舍利弗，你怎么不在室内安息，而在树下静坐呢？"

舍利弗尊者谦逊地回答说："佛陀，今天来精舍的人很多，房间都住满了，我在树下禅坐，也是一样的。"

佛陀座前智慧第一的弟子舍利弗尊者，对于后辈师弟们蛮横不合理的行为，都能慈祥地包容礼让，无怪乎佛陀一再赞美他的人格高超。

又有一次，舍利弗尊者带领比丘沙弥们出外托钵乞食，回到精舍，佛陀问当时还是小沙弥的罗睺罗托钵情形："你们今天出去托钵乞食，都非常顺利吗？"

"佛陀，信徒把甘美的食物都供养给大阿罗汉，信徒是不会以美食供养我们小沙弥的。"佛陀一听，非常惊讶，于是把长老舍利弗叫来："舍利弗，今天你受了不净食，是真的如此吗？"

所谓"不净食"，是托钵乞食时，不平等行乞。舍利弗听了佛陀的话之后，运用神通，把吃下去的东西全部吐出来："佛陀，我所食用的就是这些，我不敢违背您的教诫，行乞不净之食。"

舍利弗尊者虽然受到后辈小沙弥的冤枉，却能以长老的心量宽恕他们，遭受佛陀的指正，也毫无不平之气，总是感恩地接受教导。

具有阿罗汉性格的人，非常注重仪表的庄严、行为的安详，一举一动，讲求中规中矩、不缓不急，有些更是表现出拘谨严峻的样子。佛陀成道后，有一次回到祖国——迦毗罗卫国，刚好逢到剃头的时候，大家想找一位理发师来为佛陀理发。

贱族的首陀罗族中，有一位理发师名叫优波离，也就是后来佛陀十大弟子中持戒第一的大弟子。他的理发技术高明，遐迩闻名，有人举荐他为佛陀理发。优波离一听到要为至尊至贵的佛陀理发，惶恐万分，推诿不敢前去，跑回家中，把事情一五一十告诉母亲。他的母亲劝他："佛陀是大智大觉的圣者，他不会看轻我们首陀罗族的，我陪同你去亲近佛陀吧。"在母亲的鼓励和支持下，优波离像个怯场的小孩子，诚惶诚恐地去为佛陀理发。

优波离小心翼翼地拿着剃头刀，聚精会神地剃着佛陀的头发，一旁陪伴的母亲问佛陀："佛陀，优波离替你理发，你觉得他的手艺怎样？"

"他的腰身好像过于弯曲。"

大概优波离想到对方是佛陀，因此不敢掉以轻心，特别恭敬谨慎，身体就弯曲下来。现在一听到佛陀说他腰太弯了，赶快集中精神，挺直起来，而进入初禅的境界。剃了片刻，优波离的母亲又问："优波离现在的样子好不好？"

"现在身体似乎又太僵硬挺直了。"

优波离一想，不能太紧张，赶紧放松身心，一心一意剃头，当下就进入二禅的境地。过了一会儿，他的母亲又问了："佛陀，现在优波离怎么样啦？"

佛陀说："一呼一吸，出入息太粗重了。"

优波离急忙调整呼吸，使声音不致太大，过于粗鲁，均匀平和，于是进入三禅的功夫。他的母亲接着问："佛陀，优波离现在又如何呢？"

佛陀赶快对身旁的弟子说："优波离现在一念不生，已经进入四禅的境界，你们赶快将他手中的剃头刀拿下，扶助他，不要让他倒下。"众人赶紧将手持剃头刀，进入禅定中的优波离扶下，以免发生意外。因为证得一念不生、四禅境界的人，他的心已逐渐和虚空相应，不再为形体所分别运转。

优波离由于个性拘谨细腻，做事求精求好，在剃发中就能证入四禅，后来出家求道，成为佛陀的首座弟子之一。优波离虽然出身贫贱，但是进入佛陀所创立的僧团，四姓出家，皆为沙门释子，再也没有贵贱和贫富之别。从优波离的出家、证果，乃至后来成为佛陀十大弟子中持戒第一的大弟子，可知佛陀提倡的是打破阶级、种族，真正平等的宗教。

任何一个社会，任何一种行业，要达到完全平等是很困难的。贫富如何平等？智愚如何平等？老少如何平等？在社会各种环境中，从事各种行业，过着种种的生活，要求一律平等当然不容易，但是不管男女老少、高下贫富，到了佛陀的法座之前，人人平等无别；即使有不同，那也是个人修行、发心上的"平等示差别"。

除了优波离尊者表现出拘谨的性格，阿那律尊者的自制也是甚为严谨。有一次阿那律尊者到一户人家托钵，恰逢天色已晚，灰蒙欲雨，只好投宿此人家中，刚好这家人都外出，只留下一位貌美的少女看家，少女看到阿那律尊者英俊的仪表，怦然心动，百般献出殷勤表示爱慕，虽然美色当前，但是尊者心如冰山，不为所动，并且开导少女，引度她出家，从此阿那律尊者发誓不再投宿世俗人的家中。证得阿罗汉果的人，对于物质恬淡知足，对于情爱欲望也能自持疏解，过着一种法胜于情的无欲生活。

阿罗汉虽然断除种种烦恼，看透世间种种虚妄，但是有些阿罗汉所表现的执着，尤其是法执，有时也是牢不可破的。譬如佛陀的弟子大迦叶尊者，喜持头陀苦行，往往着粪扫衣，日中一食，或在冢间、或于树下，观无常苦空之法。年纪渐渐大了，也不以风餐露宿为苦。佛陀体恤他，几次要他回到精舍修行，大迦叶虽然恭敬佛陀，但是对于修习苦行，却不肯轻易放弃，他请求佛陀允许他继续修习头陀苦行，以激励坚毅的心志，庄严自己的道业，智德圆满的佛陀，也很圆融方便地成就他的心愿。他这种择善固执、据理力争的态度，比起一般没有原则，随波逐流的泛泛之辈，是多么的可爱！古人说君子无所争，但是为了真理的完成，君子会坚持到底。阿罗汉的性格是无争、忍让、知足少欲，却热心坚守求道的立场。

（三）阿罗汉的修行

阿罗汉的修行入道，因人而异，各种情形不尽相同。有的和佛陀初见面、一交谈，就证得阿罗汉果，如佛陀最后度的弟子须跋陀罗；有的修行了几十年也不能开悟，如佛子罗睺罗。原因是罗睺罗自恃是佛陀的孩子，有一颗贡高我慢的傲心，平等的佛法无法流入他的心中。等到数十年后，他把这颗慢心消除不生，和大众同行同出，平等一如时，才终于开悟。

《阿弥陀经》中十六大阿罗汉之一的周利盘陀伽，尚未开悟时是个愚笨无比的人。他和哥哥一同出家，哥哥气恼他的笨拙，经常打骂，有一次他又因愚蠢惹哥哥生气，挨了一顿打，站在路旁号啕大哭。恰巧佛陀路过，看到他一个人伤心地啼哭，问他："你为什么哭呀？"

"我哥哥打我！"

"为什么打你呢？"

"因为我笨，不能领会他的教导，他再也不理睬我了。"

"没有关系，我来教你，你跟我来。"

佛陀于是耐心地亲自教导他，但是周利盘陀伽确实愚笨透顶，四句偈教了半天，一句也记不住。佛陀只好运用善巧，想办法启发他："你每天都做些什么事呢?"

"扫地。"

"那你以后就边扫地边念'拂尘除垢'这四个字，好好用心地扫吧!"

刚开始时，周利盘陀伽就连四个字也记不牢，但后来他扫地扫久了，心地慢慢明朗起来。他想扫帚是用来拂尘除垢的，外面的肮脏、垃圾，可以用扫帚来扫除，心中的污秽、尘垢要用什么来扫除呢? 当然是要用佛法来清净心中的贪瞋痴啊! 他的心就像拨开云雾的月亮，顿时放出了皎洁的光明，最后终于大彻大悟，成为大阿罗汉。由此我们可以了解佛陀度众的方便是多方面的，佛陀是最善于观机逗教的圣者。

佛陀的弟子们，以种种的法门，修行入道，有的观想四念住而证得果位，所谓"四念住"，就是将念头安放在四种问题之上：(1)观身不净——我们的五蕴色身，七窍九孔，包藏脓汁汗垢，极为不净。(2)观受是苦——观照一切的感受苦多于乐，即使有快乐也不长久，归根究底还是痛苦。(3)观法无我——观世间一切法，万事万物，没有一件为我所拥有。(4)观心无常——我们的心，如江海波涛，一波将息，一波还起，变化无穷。如此将心安放在这四个问题，久而久之可以开悟。

有的观三法印而入道，所谓"三法印"就是：(1)诸行无常;

（2）诸法无我；（3）涅槃寂静。观此法门也可以开悟得道。有的人则修持五停心观以证悟，所谓"五停心观"是：（1）以不净观对治贪欲；（2）以慈悲观对治瞋恨；（3）以因缘观对治愚痴；（4）以念佛观对治烦恼；（5）以数息观对治散乱。

阿罗汉修行的方法有很多种，譬如阿那律尊者以八法来约束自己的身心：（1）多欲非道，少欲是道；（2）愦闹非道，隐处是道；（3）放荡非道，制心是道；（4）多念非道，定意是道；（5）无厌非道，知足是道；（6）懈怠非道，精进是道；（7）自私非道，为公是道；（8）愚暗非道，智慧是道。除了上述或适用于个人，或普遍为大众所采取的种种修行法门，另外还有四种方法：

1. 密护于根门——如果我们能够让眼耳鼻舌身意，听从我们随意使唤，就是最善于统理六根的人。有时和他人交谈，总责怪对方不听我们的话，其实最不服从我们的，是自己的六根。比如把眼睛闭起来，心想不随便睥睨外物，但是听说世界鼎鼎大名的明星来了，忍不住好奇，偷偷地瞧她一眼；听到美妙的音乐，能不神往倾听吗？眼前放着一盘色香味俱佳的珍肴，能不食指大动吗？不想看的却要看，不想听的偏去听，不想吃的倒吃了，一切由不得自己主宰。如果要成为阿罗汉，首先自己要有力量，把自己的六根管理好，不让它们放逸出轨。

2. 饮食知节量——一般宴会喜庆，总是看到主人殷勤地劝客人多吃一点，再添一些，其实这是害了对方，而不是为对方着想。如果对方是小姐，小姐们喜欢拥有窈窕的身材，你叫她多吃，只有害她长胖。即使是苍颜白发，不必顾虑身材胖瘦的老人也不可以劝他多吃；现代的科学告诉我们，适量的饮食，可以延年益寿，保持健康。修道的人，饮食有节制，身体自然健康，智慧也能灵敏。记得我小时候到私塾念书，一早起来，总是先把书背好，然后再吃早饭。未吃早餐前的头脑最为清醒，有道是脑满肠肥，只会使人失去灵性。

3. 勤修瑜伽——瑜伽并不如常人所想象一般，充满法术，而是一种调和身心的方法。譬如衣服穿得宽松，睡觉是右胁而卧，临睡前洗洗手足，心中常常观想光明的境界，利用此法来训练自己。如果训练纯熟之后，虽在睡眠中，也可以详知周遭诸事。

4. 依正知安住——真理就是真理，真理非自圆其说的我知我见，而是放诸四海而皆准的公平言论。我们要以正知正见为准绳，依正知正见而安住身心，自然能轻易地进入阿罗汉道。

阿罗汉的修行方法，尚有其他种种法门，多则为八万四千细行，简单而言，则为四圣谛、十二因缘或三十七道品等类别。总之，依个人根器不同而拣择契机者，加以实践力行，离道就不远了。

(四) 阿罗汉的等级

我们求学过程中有小学、中学、大学、研究所等不同的阶段，阿罗汉依修行境界的不同，也分有四种等级：初果阿罗汉、二果阿罗汉、三果阿罗汉、四果阿罗汉。

初果阿罗汉，译为须陀洹，又名预流果，或称入流、逆流，也就是逆生死之流，而入圣贤之流。初果阿罗汉仍须七次降生人间，七次出生天上，生了又死，死了又生，经过七番生死，才证得阿罗汉果位。预流果的阿罗汉已经断除我见结、戒禁取结、疑结等三结，明了四圣谛的道理，而得到无漏的清净法眼，再也不堕落三恶趣。

二果阿罗汉，译为斯陀含，又名一来果。还须一生天上，再来人间受生一次，故称一来果。

二果阿罗汉虽已断除前六品的修惑，但是尚有少量的贪瞋痴三毒。

三果阿罗汉，译为阿那含，又名不来果、不还果。此果的阿罗汉已经断除欲界修惑九品中的余三品，不再来欲界受生，而生于色或无色界，故称不来果或不还果。

四果阿罗汉，即阿罗汉果，意为应供、杀贼、无生。应供者，应受人间供养；杀贼者，即杀除烦恼诸贼；无生者，永久进入涅槃境界，不再于迷惑的人间受生。阿罗汉果是声闻四沙门果中，最终的理想境界，再无他法可学，因此又称无学果。此果已经断除一切烦恼，无论行住坐卧、衣食语默，或者人情来往上的处世接物，乃至个人的毁誉得失、衰老病患等，在这一切的境界上都能提起正念，时时照顾，永生安住在解脱的境界之中。

怎样知道已到达阿罗汉的境界？这是可以试验的，阿罗汉必须具备四个条件：

1. 对三宝的信仰不变异。

2. 对根本佛法的四谛、三法印不怀疑。

3. 对根本大戒杀盗淫妄饮酒不违犯。

4. 对一切的众生不会生出伤害的心。

具备了这四个条件，才可以说此人已拥有阿罗汉的资格。再明白说，要做一个阿罗汉，先决的条件，对佛法要依教奉行，对世间要能放下。能够放下世间的名闻利养、感情爱欲之后，出世间的佛法才能和我们相应。阿罗汉所以能证果，就是对世间能看破、放下，自然能在出世间法中得到大自在。

二、阿罗汉的生活

阿罗汉的生活和我们一般凡夫是不太相同的。他们清晨起来，就披搭袈裟到檀越的家中托钵。托钵乞食法在原始佛教僧团里，是每日必行的修行之一，僧伽们双手捧钵，不分贫富，不拣精粗，无论净秽，向信众次第托乞日用所需，让一般人能够种植福田。

托钵乞食有别于世俗上不事生产的乞讨生活，含有很深的道理含义。沙门向世间的人托钵，接受他们物质方面的供养，并为他们讲说佛法，一为财布施，一为法布施。信众以物质供养沙门的色身，沙门则以佛法长养信众的慧命。托钵使佛教和社会，产生密切关系，使佛教的真理能够散播于人间，而不是少数人退隐山林的调剂品。

沙门在托钵时，次第乞食，主要在培养平等心、忍辱心，对于对象的贫富、食物的甘美粗劣，不敢妄生差别，且以惭愧心接受信施，以慈悲心将佛法还施于信施。借由托钵制度，在佛陀成道住世的49年中，宣说了无尽的妙法，度化了不少的大众。如今我们中国佛教，由于民情、风俗、气候的不同，不行托钵之制，和人间脱离了关系。其实从佛陀推行托钵乞食之法来看，佛法应是属于社会的、大众的。

阿罗汉们的生活态度不尽相同，如须菩提专门向富贵之家行乞，原因是富者生活有余，向他们行乞，不会造成他们的负担，并让他们继续为来生的致富播下福田的道种；但大迦叶则专向穷苦的人行乞，理由是让贫者今生种下福田，免除来世再受贫穷之果。两者的作风不同，各有其方便，但在佛陀看来，都有偏执，不合中道精神。从佛陀所订的次第乞食法，可以领略出佛陀倡导中道的用心。

托钵乞食之外，晏坐习禅也是阿罗汉每天很重要的功课之一。阿罗汉喜欢在林中或寂静的地方禅坐，譬如佛陀当初领导诸弟子在迦兰陀竹林的精舍中修行，在尼拘陀树林中教化弟子如何冥思宇宙的真理。其他如阿那律、跋提、劫宾那三位尊者，结伴在波利耶沙罗林中共同修持佛道，过着和合无争的生活。阿罗汉有时也在水边禅坐，如在恒河边或尼连禅河边，或者在洞窟里观想，譬如十大罗汉中的伐那婆斯尊者，终日坐在岩洞里，世间的喧嚷、烦恼都被远隔在洞窟之外，侵扰不了他的心；又如优波先那比丘尼在岩洞中证悟空无自性，虽然被毒蛇咬啮，却毫无痛苦，安详地进入涅槃。

有些修行十二头陀的阿罗汉，更远离愦闹，在渺无人烟的冢间旷野晏坐，并且胁不就席，行不倒单，如大迦叶尊者，终年累月参禅于白骨累累的坟间，不以为苦。

晏坐习禅，是对自己真如佛性的一种观照，在心念荡涤尽净之后，平等一如的法性智慧才能够显现出来。禅定是进趋佛道、证悟菩提的必修门径，是沙门一种自内证的自受用。在禅坐中沙门或是持种种观想，或是念佛、念法、念僧，念佛陀的慈悲、功德、牺牲、圆满；念法的普遍、平等、智慧；念僧的和乐、清净、忍辱戒行，策励自己也能和三宝的功德相契合。阿罗汉除了内修禅定的生活，在僧团中奉持戒律，不可犯戒的生活也是很重要的一环。"戒"好比国家有国法，学校有校规，为了维护僧团的清净，佛陀也制定了不少戒律来安住弟子们的身心。只是国法校规是来自于外在的强制规定，而戒律是发诸内心的自我约束反省。

经上说："不怕无明起，只怕觉照迟。"戒的精神，不在束缚身心，而是在不侵犯大众的情况之下，自己也能够得到更大的解脱与自由，因此持戒不重在个人，而重在大众。又凡夫俗子，难免有放逸犯过的时候，如果能够时时警惕自己，使不再犯，就善莫大焉。因此戒律不在不犯，而重在能否至诚恳切地忏悔。在僧团里常常实行布萨、说戒，使阿罗汉对人生有所警觉，不敢放逸；对自己有所不满，常行精进；对生死有所厌离，不生贪着，时时以慈悲喜舍四无量心来守持杀盗淫妄四戒，护守清净的戒体。

在阿罗汉当中，优波离是奉持戒律最严谨的一位。精进求法的人，对于持戒清净的优波离，都能恭敬礼遇，但是一些行为放荡不拘的人，对于一丝不苟的优波离就不欢迎了。好比顽皮的学生，总是讨厌训导老师的管教一样。如偷兰难陀比丘尼，不喜欢优波离的严肃，有一次听说优波离要到此地举行忏摩法，赶紧将门窗紧闭表示不欢迎，并且当面恶骂优波离，骂他请佛陀制定种种戒规，使他们不能纵心所欲、为所欲为，增加他们生活上的困扰。虽然僧团里也有这些愚劣不冥的人，但是大部分的僧伽都能持戒不违。

事实上，戒律能否奉持，对于僧团的清净慧命有莫大的关系。俗话说："物必自腐而蛆蚀之，人必自侮而人侮之。"佛教僧团的败坏，固然有外来因素，但是真正使佛教衰微的，还在佛教内部本身。因此若要僧团永久存在，必须僧伽持戒清净；持戒生活实在是阿罗汉超凡入圣的钥匙。

阿罗汉若要进趋无上佛道，听闻佛陀的开示，是不可或缺的法门。尤其根据佛经上记载，我们娑婆世界的众生，耳根特别的灵敏，佛法容易透过听闻，进入八识田中。所谓闻思行证，听闻了佛法，才知道如何思辨行为的善恶，发为正行，证得圆满无上的佛果。在原始佛教的教团里，阿罗汉每天都能聆听到佛陀演说正法，无怪乎证果悟道的人众多，览今抚昔之余，多么让人歆羡！

阿罗汉平日皆在僧团中过着团体共修的生活，有时候也会单独到各地行脚参访。譬如十大弟子，经常行脚到各地弘法利生：富楼那尊者常常行云流水般行脚于各地，布教度人；优波离尊者也往来各地宣扬佛陀的戒法；佛陀自己也为了度化众生，有时早晨在迦毗罗卫国说法，晚上又到了摩羯陀国，席不暇暖地行脚于全印度，把他的慈悲无止尽地施给待救的众生。

阿罗汉为了求法、弘法，不厌辛苦地行脚弘化，有时则和同参道友们参禅论道，这些都刻画出阿罗汉多彩多姿的生活内容。另外，陀骠尊者夜不眠宿，持着灯火，为晚间行脚的比丘照明，并为他们挂单服务，这种注重道情、无私无求的法爱，也是阿罗汉生活的写照。

在台湾的佛教，和佛陀时代的阿罗汉有些不同。虽然平时我们不行托钵乞食，但在佛光山有一项规定："早晨不可以不吃早餐。"清晨早起，和大众一起过堂，念供养咒、吃早饭，一天的生活就开始纳入轨道。饮食作息正常，身体自然健康，修行或办道都不成问题；从内涵来看，也是因应佛陀托钵制度的现代方便法门。佛光山建设朝山会馆，方便远途的信众餐宿，也是本着驮骠尊者方便求法者的精神，让更多的人，能够进入佛法大海。

三、阿罗汉的争论

跟随佛陀出家的弟子中，勤奋于道业，正知正见的圣贤比丘固然很多，而顽强好争的愚痴弟子也有。佛教好比大海，有蛟龙潜居在深处，也有不少鱼虾遨游在浅水滩上，佛教不舍弃任何众生，更显出其慈悲深广。在龙蛇混杂良莠不齐的僧团里，罗汉之间也难免有种种的争论。有一次，佛陀为了让比丘们生惭愧心，决定暂时离开僧团，到忉利天为母说法。佛陀去了忉利天之后，大家好像失怙的孩子，昼夜盼望，好不容易三个月过去，佛陀回到人间的日子终于来临了，弟子们争先恐后地去迎接佛陀，有一位莲花色比丘尼，一马当先，抢在众人之前迎接到佛陀，她兴高采烈地顶礼佛陀说："弟子莲花色第一个迎接佛陀您的归来！"佛陀却笑着回答他："莲花色，第一个迎接我回来的人并不是你，而是须菩提。"大家非常诧异，因为须菩提尊者并没有来迎接佛陀，佛陀怎么称赞他是迎接佛陀的第一人呢？原来须菩提在灵鹫山的洞窟中缝衣，听说佛陀回来了，从观照诸法空性的甚深般若中，和佛陀的法身相应，真正地迎接到佛陀遍一切时、遍一切处的真如法身，因此佛陀赞叹他是第一个见法迎佛的人。阿罗汉所争的不是个人的得失宠辱，而是和真理是否相应的迫切大事。

就如阿难陀尊者是僧团中公认性情温和、处世无争的人，即使受到别人的侮辱诽谤，阿难陀也忍耐地不加辩驳。但是当他的哥哥提婆达多背叛佛陀，引诱五百比丘脱离僧团，破坏和合僧，并且持棒棍想伤害佛陀时，平日温和谦让的阿难陀，终于无法再忍受下去，他和哥哥争执起来，提婆达多看到一向温驯的弟弟，正义凛然地责骂自己，只好悻悻然地带领徒众回去，不敢有所蠢动。后来舍利弗尊者亲自来到提婆达多的僧团里，展开激烈的论战，把受诱惑的五百弟子又带回佛陀的僧团。证果的阿罗汉平日无所争，不为衣食供养、名利权势而争，但是一旦正法遭到破坏，阿罗汉为法为教，是不惜生命力争到底的。

证果的大阿罗汉已经断除了我执我见，但是有些未开悟的沙门，我执我爱仍然非常强烈。譬如有一次佛陀在俱睒弥说法时，弟子们起了强烈的争执，佛陀于是为他们宣说长生童子不报父仇，以慈止怨的典故。好比一块良田当中，虽然有几棵稗草，但是无碍累累果实的成长，平坦的大道上，虽然有些许的瓦砾，无阻光明前程的完成。同样的，在佛门里，佛弟子毕竟是未成佛的佛弟子，要求每一位佛弟子都成为圣贤，是不可能的。

在阿罗汉的争论当中，必须一提的是富楼那尊者对大迦叶尊者所提出的食法八事之争。佛陀涅槃之后，首座弟子大迦叶领导大家在耆阇窟山主持第一次经典结集。富楼那闻讯，披星戴月地赶去参加，对于大迦叶禁止食法八事，表示抗议，坚决提出论争。所谓食法八事指：内宿、内煮、自煮、自取食、早起受食、从彼持食来、杂果、池水所出可食物等八事，在年岁饥馑、食物难觅时，可以方便行之。但是大迦叶所领导的长老上座们坚决反对，加以禁止。传说富楼那尊者等年轻开放的一派，另外于洞窟外举行结集，而为日后佛教分为上座、大众二部根本分裂的滥觞。

后来阿罗汉们各自认为自己所传承的佛法，是最合乎佛陀本怀，而有了种种不同的见解，论争愈演愈烈，终于形成二十部枝叶分裂的部派佛教时代。

综观阿罗汉的争论，有别于世间的纷争。世俗的纷争乃为名誉、利益而争，并且以打倒对方为能事，这是一种强烈的我执我爱。而阿罗汉的争论乃欲显扬自己所受持者，是宇宙至真至上的真理，此为知见不同而产生的法执。真理愈辩愈明，阿罗汉之间没有凡夫之间的钩心斗角，甚至置人于死地的恶毒心肠，阿罗汉所表现出对法的执着，有时也不失他们的可爱。

四、阿罗汉的修养

阿罗汉的圣果是需要长久修行才能完成的，好比世间上一件完美无瑕的艺术品，也要经过艺术家呕心沥血加以锤炼，才能成为不朽的作品一样。在南传的《弥兰陀王所问经》中，记载着成为人天师范的出家人，必须具有二十二个资格，如忍耐、柔和、惭愧、无执着、精进、正行等，都是沙门必须遵守的。以下介绍阿罗汉如何修养他们的言行，调整他们的身心。

佛子罗睺罗尊者出家之后，在佛陀耐心且严厉地调教之下，从一个顽皮无知、娇生惯养的王孙，渐渐成为温和谦让的沙弥。罗睺罗是僧团中第一位沙弥，当时僧团中有一项规定：一室只能居住一人，尤其沙弥更要礼让年长比丘。有一次罗睺罗去听佛陀说法，恰巧从外地来了一位比丘，管理寮房的比丘，于是把罗睺罗的衣单拿出门外，让给这位做客的比丘安住。罗睺罗回来一看，自己的房间被比丘占去了，想到佛陀平日的教诫：沙弥应该尊敬比丘，沙弥当行忍辱。他不敢辩驳，眼看乌云密布，山雨欲来，只好到厕所去避雨。不料大雨倾盆而下，躲在洞中的黑蛇，顺着沟道，渐渐游行至罗睺罗身边，眼看尊者生命危在旦夕，幸好佛陀及时救护。佛陀于是制戒：沙弥可以在雨夜和比丘同一室共宿。罗睺罗如此幼稚垂髫之龄，就能委屈自己，礼让他人，而毫无一丝怨恨之念，实在令人感佩。

又有一次，罗睺罗跟随师父舍利弗尊者去托钵，半途遇到一位凶恶的少年，把沙石放在舍利弗尊者的钵中，并用棍棒打罗睺罗说："你们沙门口口声声讲慈悲，行忍耐，我打破你的头，看你能怎样？"罗睺罗的头上，鲜血一滴一滴地流下来，但是他没有回手，默默地走到水边，掬取清水洗去斑斑血迹。尊者以世间最大的力量——忍耐，来折服恶少的骄横。忍辱的力量，可以摧毁固若金汤的傲慢，可以销融坚如铠甲的蛮横。暴力只能挫人之口，不能服人之心，唯有忍耐、柔和，才能令人心悦诚服，衷心爱敬。阿罗汉就是以无比的忍辱来庄严自己的道业。

阿难陀尊者跟随在佛陀的身边二十多年，侍奉佛陀的起居生活，是听闻佛陀圣教最多的弟子。但是佛陀涅槃后，大迦叶尊者领导大众结集经典时，却不让多闻的阿难陀尊者参加，因为他尚未证悟阿罗汉果，恐怕对圣教不能如实地领略。虽然大家极力举荐阿难陀尊者，但是在大迦叶尊者的坚决反对下，加上阿那律尊者也持同样的看法，平日甚得人望、对僧团有左右力量的阿难陀尊者，只好忍耐，不敢有所异议。阿难陀尊者受到长老们的压抑后，当夜加紧用功，进入甚深禅定，终于开悟证果，显神通进入会场，参加结集。

以阿难陀尊者当时在僧团的声望、影响力，他遭遇到打击，不但不反抗辩解，反而以谦和的心怀接纳下来，越是能成为大器者，其动心忍性的修养越深，将来的成就也越无法限量。其他如舍利弗尊者静坐园中，度过漫长黑夜，对于别人侵占其坐榻丝毫不以为忤；富楼那尊者勇赴蛮荒布教，虽遭遇迫害也甘之如饴，不灭弘法悲愿。对于圣者而言，一切的横逆、困厄，不能挫其弘法利生的心愿，只能使他的修养更成熟、人格更完美；这一切正是成就道业的逆增上缘。

五、阿罗汉的教化

佛陀成道后，49 年间在恒河两岸不断地说法，救度在生死流中浮沉的众生。佛陀的弟子阿罗汉们也效法佛陀，在印度各地宣扬佛陀的圣教。以下举例论述阿罗汉如何教化众生。

迦旃延尊者是佛陀弟子中最善于论议的首座弟子。有一次尊者路过某处，看到一位老妇人蹲坐在水边，忧愁满面地哭泣着。尊者上前询问老姬为何如此伤心？原来老妇人家贫如洗，因为生计困难而忧郁不已。尊者于是教老妇人行布施之道，把贫穷卖给他。人生的富贵荣禄，是由布施种植福田而来，如果能对他人广修财法等供养，自然能去除贫穷之因，享受富贵之果。尊者教老妇人用钵盛水，以至诚欢喜心供养他，老妇人以此供养功德，得生忉利天享受快乐。尊者就是这么一位善于就近取譬，观机逗教，而能启迪迷津的圣者。

目犍连尊者经常以神通为方便，帮助佛陀降伏外道，引度不少信众，并增加他们对佛法的信心。有一次僧伽们聚集在一起，互相交换彼此学佛的心得体验，目犍连为了让沙门对佛法生起大信心，运用宿命通说出七佛通偈："诸恶莫作，众善奉行；自净其意，是诸佛教。"目犍连尊者以寥寥数句偈语，把三世诸佛的无量佛法，阐扬殆尽，使学佛的人能够脉络分明地把握佛法的旨趣，而进入佛法大海之中。只要我们不造恶业，努力行善，时时保持心地的清净，就离诸佛菩萨不远了。目犍连可说是一位最善于弘扬圣教、化导有情的圣者。

六、阿罗汉的感情

佛教称人类为有情众生，是因为人类具有情识活动，我们最关心感情的事，尤其是男女之间的感情，更为大家所津津乐道。阿罗汉有没有感情的问题？阿罗汉没有男女的爱情，却有着浓厚的法情，他们经过净化以后的感情，很纯、很美、很有意义。

佛陀未出家时的妃子耶输陀罗，后来也跟随佛陀出家，证得阿罗汉果。耶输陀罗的年纪和佛陀不相上下，到了她 78 岁那年，听说佛陀 80 岁要涅槃，心里想着：我就和佛陀一同涅槃吧！继而一想：不行！我未出家前是佛陀的妃子，现在剃发染衣，成为他的弟子。如果和他一同涅槃，是大不恭敬的，可能会引起不必要的闲言闲语。算了，我还是提早涅槃好了。耶输陀罗打定主意之后，安详地来向佛陀辞行，表达提早涅槃的心意。佛陀非常慈和地对她说："你有这样的心意修养，我为你庆幸祝福。"开悟后的耶输陀罗，对佛陀有的只是无染的尊敬之情，而不是一般夫妻间的贪恋之爱。

阿难陀尊者是佛陀的侍者，相貌庄严，人人喜爱。经上描写他："面如秋满月，眼似净莲花，佛法如大海，流入阿难心。"容貌庄严、性情温和、聪明伶俐的阿难陀，是世俗女子追求的白马王子。为了女众，阿难陀尊者不知道遭遇多少风语流言，而阿难陀尊者本身也是最维护女众的。

在最初的僧团，佛陀本来不允许女人出家，但是佛陀的姨母大爱道带领许多女众，要跟随佛陀出家。佛陀为了维护僧团的清净，叫阿难陀拒绝她们，要她们回去。一生都恭敬服从佛陀的阿难陀尊者，却违逆佛陀的指示，为女众向佛陀请求，佛陀受阿难陀及大家百般请求，终于答应接受女众出家，僧团中才有了比丘尼。阿难陀尊者对于女众有的只是纯洁的法爱，没有丝毫贪染的爱欲念头。不过，女众也给阿难陀带来不少的麻烦。

有一次，一位檀越做了许多糕饼供养比丘，比丘分食之后，还剩下许多，佛陀告诉阿难陀尊者，集合附近的贫苦人家，把糕饼分给他们。阿难陀尊者依照指示每人分给一块糕饼。不巧分到一位美丽的少女之前，两块糕紧紧地粘在一起，分不开来，只好将粘着的两块糕，同时给了少女。一些好事的人，就到处绘声绘色地传播流言："庄严多情的阿难陀喜欢年轻貌美的女郎，不然，怎么会分给她两块糕呢？"阿难陀尊者百口莫辩，跪在佛陀座前，向佛陀表白心迹："弟子业障如此深重，僧团中的是非都为我一人而起。男女爱欲真是烦恼的根本来源。佛陀平日教导我们要远离爱欲，实在有非常深奥的道理。"佛陀听了阿难陀尊者一番痛切的体悟后，安慰并教导他："你平日除了多闻之外，也要重视戒行，如果戒行清净严格，闲话就减少了。"

僧团中有些净化过的感情很可贵，那是一种只求奉献，不存占有对方的纯真感情，那是一种只求众生能得到安乐，不冀回报的完全牺牲。阿罗汉的感情是广泛地施给每一个人，而不是特定的某一对象。这种超越男女占有欲的法爱，显得更美丽、更升华！

譬如大迦叶尊者看似冷若冰霜，却有着真挚的热情。他和貌若天仙的妻子妙贤，度过了 12 年有名无实的夫妻生活，最后一起跟随佛陀出家。妙贤由于拥有倾国倾城的姿容，有时托钵会遭到恶人调戏，大迦叶尊者于是将托乞回来的食物分给她食用，并激励妙贤精进修行，证悟正道。这种胜过夫妻之情的道情法爱，才是人生最珍贵、最真挚的感情。其他如莲花色受了外道的收买，企图以美色迷惑目犍连尊者，尊者不但没有被诱惑，并且以神通度化莲花色，使其皈依佛陀出家，成为比丘尼中神通第一的弟子。阿罗汉不是没有感情，而是扬弃男欢女爱的享乐，追求无贪无私的大慈悲。

阿罗汉表现在男女方面的是净化、转化、升华的法情，表现在人伦来往的又是什么样的感情呢？阿罗汉并不是故意矫枉过正，不要感情的人。佛陀常称自己是大阿罗汉，佛陀本身就是感情非常纯厚的人。有一次夏日安居中，远处的僧团有了纠纷，佛陀派优波离尊者前去排解，优波离尊者推辞地说："佛陀，请您派他人去止争吧！"

"你为什么不去呢？"

"佛陀，那儿多雨，地方又远，必须住宿，而比丘只能带一套袈裟，万一下了雨，一时不容易干，衣服沾在身上，很重而又很难受。"

佛陀思索一下，又问："从这里到那里往返需要多少时日？"

"去程要两天的时间，调解纷争至少也要两天，回来又要两天，一共需要六天。"

佛陀于是召集大家，指示在夏日安居中，六天之内，沙门可以拥有两套袈裟。佛陀一方面统理僧团，使它成为清净和合的团体，一方面也顾及生活上真正的需要。在人事上看到为法勤劳不懈的弟子，总是很体恤他们的辛苦，解决他们的困难。

从佛陀的弟子身上，我们看到阿罗汉的性格、风范、修行、生活态度及感情处理等，了解到真正的阿罗汉为了学道求法，会严厉地自我要求；为了弘法度众，会无私地奉献自己的大慈悲。而他们虽然生活俭朴，却处处给人欢喜和方便；虽然清心寡欲，却有着浓厚的道情法爱。可以说阿罗汉展现的即是福慧圆满的求道者的精神。

1979 年 11 月 8 日讲于台北"国父纪念馆"

菩萨的宗教体验

只要我们能涵养慈悲的性情，发萨提心，
学习菩萨坚忍无我的精神，修持六波罗蜜，
有心成为菩萨，那么人人都是菩萨。

提到菩萨，往往会令人联想起供奉在寺院里的泥塑木雕，或是纸上画的，用铜铸的菩萨圣像。一般人心目中总以为菩萨是具有呼风唤雨、点石成金的能耐，是见首不见尾，能保佑发财的神明。其实，菩萨并不是神，他既不是高高在上，也不是冥冥不可知的，菩萨不在远处，菩萨就在你我的身边。菩萨更不是被供奉起来，让人一味膜拜的偶像，真正的菩萨，应是在你我之间而富有救度六道众生的慈悲胸怀的人。

明朝的蕅益大师，是明末四大高僧之一，他持戒严谨，对于佛教清净宗风的振兴，有不可磨灭的功劳，是一位德行高超的比丘。但是，他却不以"比丘"自居，而自称"菩萨"。又如近代的太虚大师，有中兴佛教的悲心慈愿，但他那"比丘不是佛未成，但愿称我为菩萨"的宣言，可见菩萨好叫，比丘难称。再如近代发愿要证得肉身不坏的慈航大师，他在世时，喜欢别人称呼他为"菩萨"；他圆寂之后，肉体果然不坏，大家为了尊敬他，都称他为"慈航菩萨"。

由上面的例子，我们知道凡人也可以做菩萨，只要你有"上求佛道，下化众生"的发心，就是"发心菩萨"。对初发心的佛弟子称为"初发心菩萨"，甚至居士们，也有以"某某菩萨"互相称呼的。可见"菩萨"一词，并不仅仅限于所谓的菩萨圣像，菩萨也可用于对人的尊称，也就是说，有心趋向觉道的人，都可称为菩萨。

太虚大师说："人成即佛成。"意思是说，要成为德行圆满的"佛陀"，必须从"人"做起。人乘的佛教，就是菩萨的佛教，人人发心，人人可为菩萨，与孟子所说"舜何人也，禹何人也，有为者亦若是"的道理是相同的。当然，菩萨是有等级的，所谓十信、十住、十行、十回向、十地等五十级，五十级以上就是等觉，如观音、文殊等菩萨即是。在菩萨学园里，好像学生一样，有小学、中学、大学等，虽然同称学生，程度毕竟不一样。如何才能成为真正有程度的菩萨呢？以下分为几点来说明：

一、菩萨的性格——无我与慈悲

我们信仰宗教，必须具有宗教的性格，佛陀之所以会成为宇宙第一的觉者，主要是基于他那慈爱众生、悲天悯人的性格；阿罗汉之所以成为阿罗汉，也是由于他具有厌离世俗、向往涅槃的根器。而天下万物各有其性，人的性情亦然，有的平易近人，乐善好施，有的冷若冰霜，离群索居。因此，到底具有什么性情的人才能成为菩萨呢？菩萨性格又是什么呢？就是无我与慈悲，因为有无我的精神，才能有慈悲的胸怀；有慈悲的心怀，才能有无我的智慧。

菩萨，梵文为 bodhisattva，音译为菩提萨埵，略称菩萨。菩提

（bodhi）意即"觉悟"，或指"正觉的智慧"。萨埵为"有情"或"众生"，一般将菩萨解释为"觉有情"或"大道心众生"。觉有情又包含两层意思：一者指能够精进向上，追求无上菩提的"觉悟的有情"，也就是自受用、大智慧的完成，为"求道的菩萨"。一者指能够修种种波罗蜜，普利三根，"使众生觉悟的圣者"，也就是他受用、大慈悲的显现，为"化生的菩萨"。

由上面所说，可知菩萨一方面怀抱有阿罗汉出离尘寰、追求真理的出世性格，一方面也充满佛陀悲悯众生、救拔倒悬的入世热忱，是介于自度自了的阿罗汉与自觉觉他的佛陀两者之间，为"上求佛道，下化众生"自利利他的圣者。

菩萨最大的特征，在"慈悲"二字。菩萨，同声闻、缘觉一样，也要修行、断惑才能臻于解脱之境，他和阿罗汉（即指二乘之声闻、缘觉）最大的不同在于菩萨富有无量大慈大悲的性格。当菩萨看到众生受痛苦煎熬时，慈悲之心油然而生，而发出拯救众生出离三途之苦的大愿，不像阿罗汉看到世间的纷扰与生死轮回的痛苦时，便生起畏惧厌恶之心，只求早日出离娑婆，证入涅槃。

因此，在佛教中，通常称菩萨之道为大乘，称阿罗汉之道为小乘。大乘、小乘是取自大、小舟舆之义，即以大船（车）、小船（车）代表菩萨与阿罗汉的不同精神；菩萨以大船帮助众生渡过苦海，阿罗汉则自乘小船脱离苦海，目的虽同，精神则有分别。菩萨由于具有慈悲的性格，也就富有人饥己饥、人溺己溺的大乘精神。故知慈悲正是推动菩萨实践利人利己的大乘佛道的原动力。

慈悲，是一切佛法的根本。佛陀弘法 49 年，讲经 300 余会，有三藏十二部的经典，都是基于一念的慈悲。慈，是"与乐"，给与众生大乐、人乐、涅槃乐三种法乐。悲，是"拔苦"，拔除众生轮转于三恶道的大苦。大慈，能伏治众生诸病；大悲，能抚恤众生诸苦。菩萨对众生的慈悲有如严父慈母一般，有求必应，甚至不惜牺牲自己。他的大慈大悲如同太阳之普照大地，照抚一切众生，无微不至，并且是源源不断，取之不尽，用之不竭的。菩萨随顺众生的需要，运用他的般若智慧，发挥他慈悲的力量而普度众生；最典型的代表就是大慈大悲观世音菩萨。

观世音菩萨的大慈大悲是众所周知的，他以无比的悲心，发下十二大弘愿以度脱五浊恶世的一切众生。他随时随地驾着慈航，席不暇暖，运用神通方便，往来于各地，寻声救苦；只要众生发出求救的声音，观世音菩萨没有不及时应现，及时洒下甘露的。他为了随顺众生，应病予药，而示现种种法身，有时为诸天，有时为八部；或者现妇女相，或者为童男身；有时携鱼篮，有时骑蛟龙，有时住紫竹，有时持杨柳……即是所谓的三十二应身，随处示现，救苦救难。这种随缘而化的道行，是菩萨从无我大悲的圆融性格中所流露出来的。

更进一步地说，在菩萨的性格里，由于充满慈悲的本质，因此，在菩萨的心中，没有个人，只有众生的存在。众生需要什么，菩萨都会毫不吝惜地付出；无论是钱财、产业、妻子、儿女，甚至耳目、肢体、肝脑、生命，也毫不怨恼地施舍。

譬如本生谭中记载佛陀在菩萨因地修行的时候，出生为王子。有一天，和二位长兄一同出游，在深山草丛中，发现一只刚刚产下七头小老虎的母虎，由于体力透支过甚，气息奄奄，危在旦夕；而那些初临世间的小虎儿，则嗷嗷待哺。王子看到这一幕，恻隐之心油然而生，决心舍身救虎。他支开两位兄长，从高处跳下深谷，准备让老虎吞食。但是母虎由于气息微弱，无法咬动坚硬的躯体。王子慈悲心切，以尖锐的竹片割破自己的咽喉；霎时，血流如注，王子忍痛爬至母虎的身边，让母虎吸食自己温热的血，终于挽回老虎母子的性命。慈悲，使王子忘记死亡的恐惧，甘之如饴地付出生命，菩萨就这样发挥了无我的精神。

此外，在本生谭中还记载有佛陀前生出世为国王，慈爱人民，乐善好施，在全国各地广设救济所，大行布施，甚至割肉喂鹰，以救一只白鸽的故事。凡此种种，无非是告诉我们：菩萨由于富有浓郁的慈悲性情，悲悯一切众生，包容众生的一切愚痴罪业，甚至牺牲、忘我，乃至无我，颇有"若为众生故，一切皆可抛"，至死无悔的大无畏精神。

《法华经》上说："以大慈悲力，度苦恼众生。"菩萨经过累劫的修行，一切烦恼都已断除，一切梵行均已成办，本来可以证得清净涅槃，然而菩萨为了怜悯众生，不住涅槃，不断生死，乘愿受生六道，怀抱慈悲，广开甘露法门，转无上法轮，甚至为了救拔三途中的有情而发愿出生恶趣。譬如地藏菩萨，当他看到地狱中被熊熊业火烧炙的众生，便发起"我不入地狱，谁入地狱"的决心，立下"地狱未空，誓不成佛"的誓愿，只要有一众生仍在地狱，绝不成佛证果！

综观上述所言，我们不难明白菩萨之所以成为菩萨，正由于其慈悲的性格。"慈悲"，是菩萨度化众生的原动力，是大乘佛教的基本精神，这种精神从无我的智慧中产生，其力量无以伦比！假使我们能拥有一二分的"菩萨心肠"，相信社会必定能减少许多纷争，并增添祥和之气。

二、菩萨的思想——般若与空性

菩萨除了涵养慈悲，还要具足般若智慧。也就是说要有思想、有智慧的慈悲，而不是不分青红皂白一味地滥慈悲。好比有人嗜赌成性，正苦无赌本之际，若施以钱财，则只有害了他；爱之适以害之也。换句话说，慈悲须伴随智慧，才能助人向上、向善；慈悲不是助纣为虐，徒然令人堕落的小恩小惠；更不是滥施同情的妇人之仁。慈悲如两足，遍行各地，般若心则如同双目，能辨明真伪、发现真相。慈与智，必须两者兼备，始能成就菩萨之行。

所谓"般若心"，是指对世间的能所、物心、主客等差别相对的现象，观彻其虚妄性，泯除物我对待的执着所产生的"无分别智"，即是宇宙与我同在，众生与我一体的"空性"。从世俗的眼光来看，这世间充满高低、贫富、秽净、愚贤的种种差别；但是，若就般若智慧的立场来看，这些千差万别的现象，皆由缘生而空无自性；宇宙的万有，物心也好，主客也好，性本空寂，二而为一，这就是法界一味，差别即平等的理事无碍境界。

菩萨若至此境界，则众生对菩萨而言，不再是心外的存在，众生即心，心即众生，于是众生的悲喜苦乐，就是菩萨的悲喜苦乐；众生的生死轮回，就是菩萨的生死轮回。因此，众生生病，菩萨亦因而染疾；众生无明造业，菩萨亦代为受苦。又由于无分别智般若空慧的推动，菩萨视众生如己子，刻不稍缓地投入世间，积极地清净众生的罪业，而产生了"大悲清净世间智"，达到事事无碍的法界。

如此，有了无分别智的大智力，可以修证无上菩提，如实无谬地化导众生；有了清净的大悲心，才能积极有效地救度愚痴。大智力是上求菩提的自利往相，大悲心是下化众生的利他还相；自利即利他，利他即自利，往相乃还相，还相亦往相，智目悲足两者相辅相成，缺一不可，是二而一，一而二，为菩提心（思想）的主要内容。

更具体地说，菩萨为了证得般若空慧，往往发大深心，尽形寿，舍身命地去追求。在《南传大藏经》中记载佛陀前生，曾有一世是婆罗门，名为善慧，秉赋纯良，喜闻佛法，常恭敬地供养三宝。当时，正燃灯佛应化于世的时代，有一天，善慧闻知燃灯佛要到自己所住的村落来说法，喜悦万分，为了不错过这旷劫难逢的因缘，善慧决定前往听法。但是在交通不便的穷乡僻壤，道路是崎岖难行的。善慧自忖："佛陀乃是世间的圣者，岂可让沼泥沾污了佛陀的双足？"于是，善慧脱下自己的衣裳，铺在佛陀经过的道路上，并且散开头发，匍匐在肮脏的泥路上，让燃灯佛以及他许多阿罗汉弟子从自己的身上踏过，无限欢喜地来迎接佛陀。当善慧抬头看到燃灯佛庄严圆满的法相时，内心发出赞叹："天上天下无如佛，十方世界亦无比，世间所有我尽见，一切无有如佛者。"乃发誓从今而后驾慈航拯救众生，以求证同燃灯佛一般的正果。善慧这种求闻正法的精神，使他早弥勒菩萨九劫成正等正觉。

又如常啼菩萨，在《八千颂般若经》中载有他求道的感人故事：常啼菩萨深感于善知识的难逢，苦于无法听闻正法，获得般若智慧，常忧悲难禁，潸然泪下，所以大家称他为常啼菩萨，或是常悲菩萨。他经常跋山涉水访求名师指点迷津，后来听说在东方 500 由旬远的众香城，有一位世不二出的善知识——法上菩萨，善于演说佛陀的清净正法。常啼菩萨欣喜之余决定前往求法，并且打算卖身供养法上菩萨。于是，他一路上叫着，却无人问津。最后，突然出现一位大汉，要买他的四肢或心脏、骨髓当作牺牲祭品，常啼菩萨求法心切，遂割下自己的手腕卖给对方。此事被当地富商的女儿知道后，十分感动，乃备办了 500 辆珍品宝物，跟随常啼菩萨到众香城。后来，常啼听法上菩萨说到"如来不去亦不来，空性即如来"时，豁然开悟，立时进入甚深三昧，而游于浩瀚无垠的般若智海之中。

由善慧与常啼菩萨至心求法的例子，可以了解般若空慧的珍贵与难得。《大品般若经》上说："般若波罗蜜，是诸菩萨摩诃萨母，能生诸佛法故。"对菩萨而言，般若的修持是重要的功课，好比婴儿吸吮母亲的乳汁，渐渐长大成人，菩萨也摄取般若的醍醐法味，渐渐成为果净圆满的圣者。获得般若空慧之后，可以泯除污秽，到达自性清净的无心世界，发露无我相、无人相、无众生相、无寿者相等的当体即空的境界。

慈悲是实现菩萨行的原动力，慈悲又分众生缘、法缘、无缘等三种；若是配合般若空慧，则能不住众生相、法相而行人我二空的"无缘大慈，同体大悲"，因此，佛经说般若波罗蜜是三世佛母。

在诸佛的国土中，住有许多菩萨眷属，帮助佛陀教化众生，有的大慈大悲，有的具足般若智慧。其中尤以胁侍大士最为世人所知，为家喻户晓的菩萨。例如在娑婆世界中帮助释迦牟尼佛的是文殊师利菩萨与普贤菩萨；在西方极乐世界，陪同阿弥陀佛接引众生的有大势至菩萨与观世音菩萨；在东方琉璃世界，协助药师如来的有日光、月光二菩萨。其中又以文殊、大势至、日光三菩萨为含具般若智慧的大士，他们或骑着雄狮四处弘法，或以智慧之光戳破无明，或手持日轮普照众生，都是佩有大智慧的利剑，可以说他们都是断尽一切有漏烦恼的菩萨。

菩萨以大智慧照见五蕴皆空，彻悟诸法空性，不生染着爱想，住于实相。不过，菩萨由于慈悲，不忍舍弃众生。为了满其本愿，往往还来世间行化，奔走于三界之中，虽明知诸法实空，没有能度的我，也没有可度的众生，仍然热心地"启建水月道场，大作空华佛事，降伏镜里魔军，求证梦中佛果"。总而言之，菩萨之大智是为了实践大悲，大悲是为了完成大智，两者运用自如，则可以圆满成就无上菩提，那个菩提是即世而离世，离世而又即世的。

三、菩萨的精神——坚忍与精进

现代是个讲求效率，讲究速成的科技时代，如飞机、宇宙飞船、电脑、快餐、方便面、活动房子等，都是讲求"速成"之下的产物。然而，从没有听说过人格是可以速成的，也没有听说树木可以在朝夕之间长成的，所谓"十年树木，百年树人"，毕竟有的东西是无法速成的。若要学得一技之长，非得费三年五载的工夫不可。而菩萨追求佛道，更是如此，没什么终南快捷方式可寻，不历经累劫多世的修持是无法成就的。

在奥林匹克世界运动会中，马拉松式的长跑竞赛，最足以考验运动员的耐力与毅力。菩萨在普化有情，追求佛道的过程中，也是这种马拉松式长跑精神的显现。佛经上曾说，菩萨要经过三大阿僧祇劫的修行，勤持种种法门之后，还要历经一百劫，庄严三十二相和八十种好，积聚菩提道粮，才能成佛。换句话说，在真理的道路上，菩萨必须一步一步耐烦地、坚忍地前进不懈，历经长期的考验，始能成等正觉。也就是说，菩萨必须具有刚毅坚忍、勇猛精进的精神。

菩萨这种持久的忍耐、不求速成、精进不懈的精神，是怎么来的？就是来自菩提心的确立。《菩萨地持经》说："菩萨种姓，发菩提心，勤行精进，则能疾成阿耨多罗三藐三菩提。"菩提心是一切诸佛的种子，是长养净法的良田；能洗涤一切烦恼垢，能铲除众生的无明障。菩萨有了菩提心，好比拥有舒软的床铺，可以安稳众生五毒的身心。有了菩提心，菩萨能不畏佛道的遥远，远离三有而处于真理法海之中；能不捐弃众生，常在生死海中，以大愿之船普度众生。这种普度众生的菩提心，就是坚忍与精进的精神。

总之，菩提心一旦确立，则一切正愿亦因之开始，实在是一切菩提道种的根本，大悲法行的依据。菩萨若是忘失菩提心，则不能饶益众生。《华严经》说："忘失菩提心，修诸善法，是名魔业。"因此，欲修学大乘菩提道者，一定要发菩提心。善财童子遍参53位善知识之后遇到弥勒菩萨，弥勒菩萨告诉他的仍是要先发菩提心，因为一发菩提心，即可得到诸佛的护持，开启大乘悲愿之门，是声闻缘觉所不能及的，可见发菩提心的重要。

什么是菩提心？就是"上求佛道，下化众生"的心，莲宗九祖省庵大师有感于时人的好逸恶劳、忘失道念，撰写《劝发菩提心文》，劝导世人当念十种因缘而发菩提心。

所谓十种因缘，即是念佛重恩、念父母恩、念师长恩、念施主恩、念众生恩、念生死苦、尊重己灵、忏悔业障、求生净土、念正法久住。在《发菩提心经论》中则说菩萨要依思维诸佛、观身过患、慈悯众生、求最胜果等四种因缘而发菩提心，以修习无上菩提。也就是要效法佛陀做大丈夫，发大勇猛，舍身命财宝，求一切智；常观四大五蕴如梦幻泡影，悲悯众生之造恶业而不自觉，乃发誓愿上弘下度之心；能够如此，就是发菩提心了。

菩萨发心是伟大的，菩萨的坚忍与精进非一般人所能及，但菩萨并不是万能的、神化的；菩萨也是人，是一个发菩提心的人，是一个坚忍与精进的人。

在佛经上有一则佛陀对大众说法的记载：一般人对佛陀的教导都能欢喜信受，唯独有一人将头转来转去，听不进清净的妙法，任凭佛陀运用神通，现广长舌，无限慈悲地谆谆教诲，都无法疏通这个顽强者胸中的茅塞。因此佛经上说，佛有三大不能：(1)不能灭定业；(2)不能度无缘；(3)不能尽众生界。

然而，众生虽如虚空般无量无尽，且有无缘不能度者，但诸佛菩萨却能持续不断，精进忍耐，知其不可为而为之，努力不懈地做永远无法完成的工作；他们所发的菩提心也和虚空一样，是无穷无尽的。他们的菩提心像喜马拉雅山上解冻的春水，涓涓不息地流着，等待因缘成熟时，便要化解众生冰冻已久的心灵。

《法华经》中，有一位常不轻菩萨，修持忍辱。看到任何人都毕恭毕敬地合掌问讯说："我不敢轻慢你们，你们将来都会成正等正觉。"有些没有信仰的外道，不但没有回礼，反而破口大骂，甚至用棍棒瓦石打他。常不轻菩萨总是不加还手而避到远处，口中仍恭敬地说："我不敢轻慢你们，你们是未来的佛陀。"由此可知，在菩萨心目中，众生皆有佛性，只是被无明覆盖而不自觉。好比摩尼宝珠掉入污泥中，一时失去光明。因此菩萨在无量劫中，发菩提心，生大慈悲，以无比的耐心，常行恭敬，来唤醒众生对自性清净心的觉悟。

又如阿弥陀佛在前生为法藏菩萨时，发下四十八大愿，愿以无上菩提心庄严国土，只要他的国土中有一众生未发菩提心，不得无生法忍，则不取正觉。因此，在阿弥陀佛的极乐世界中多为不退失道心，一生补处的菩萨。

总之，菩萨的精神是始于确立菩提心，以至刚毅坚忍、勇猛精进而持久不退的，是无法速成的。而发菩提的大愿心，正是转凡成圣，迈向诸佛菩萨世界的第一步。

四、菩萨道的实践——循序到永恒

有人说佛教既是宗教也是哲学，是什么道理呢？佛教有三藏十二部的经典，汗牛充栋，教理高深，对于宇宙人生的现象有精辟独到的阐发，有别于其他只能信仰不许怀疑的宗教，因此说它是哲学。但是佛教虽然如哲学一般具有严密的理论架构，却不仅止于对形而上学的探究，而特重道德伦理的实践，因此说它是宗教。佛陀本身即是注重道德实践的鲜明例子，因为他在证悟之后，一再强调"诸恶莫作，众善奉行，自净其意，是诸佛教"的法要，希望众生自道德实践中，净化自己。

当佛陀遇到外道提出形而上学的问题时，通常默而不答，譬如有名的"十四问难"即是如此，因为玄学上的思辨问题，只是文字戏论，无补于烦恼的解脱，无益于实际的人生。佛陀重视实践，佛教是一个重视躬身实践的宗教，也是充满伦理性质的哲学。更进一步说，大乘菩萨道的实践，正是佛陀根本精神的实践。

大乘菩萨道的实践同我们求学一样，是循序渐进的。如前所言，菩萨学园是由幼儿园的小朋友至小学生、中学生、大学生乃至研究生，菩萨道的修行，由烦恼的凡夫而至四向四果的阿罗汉，到断除烦恼习气的等觉菩萨，乃至功德圆满的佛陀境地，都有一定的次第。菩萨的境界也因实践功夫的深浅而有不同，即使是登地的菩萨，也还有欢喜地、离垢地、发光地、焰慧地、难胜地、现前地、远行地、不动地、善慧地、法云地等十地的分别。而且进入初地欢喜地的菩萨，方称为地上菩萨，在初地之前的为地前菩萨。地前菩萨要实践三十七道品方能离凡趋圣。

所谓三十七道品，又称三十七菩提分法，即是四念处、四正勤、四神足、五根、五力、七觉支、八正道，为调治恶行、长养善法，断除无明、庄严法身以进至菩提的资粮。这三十七道品是原始佛教以来即受重视的修行要目，即使修至十地的菩萨，仍要勤持不懈。

除此之外，菩萨还要修持布施、爱语、利行、同事的四摄法。其中，布施又分财布施、法布施、无畏布施三种。在行布施时，要持施者空、受者空、施物空等"三轮体空"的观想，不以自己为能施者，而泯除我执；不以对方为受我惠者，消除对待之心。如此心无挂碍，不求回报，不计多少，根除法执，才是真正的布施。

爱语，是由慈悲的心肠中所流露出来的温和亲切的言语；《法华经》中曾赞叹龙女"慈念众生犹如赤子"，爱语好比慈母温柔慈爱的语言，能消弭纷争，化暴戾为祥和。菩萨若做到"口中无瞋出妙香"的境界，则是爱语的境界。

利行，是利于众生的行为，为大乘菩萨道所不可欠缺的德目，布施、爱语两者，均是为了达成利行的实践功夫。三国的刘备临终时，曾留下"勿以恶小而为之，勿以善小而不为"的遗言，因为不积小善无法成就大德，即使功德已经圆满的佛陀，也不舍弃小善的。

小善既不容忽视，更不用说是利生的大行了。

同事，是指设身处地以应身教化的方便，譬如观世音菩萨三十二应身而观机逗教，贪欲心重的教化他行不净观，瞋恚心强的引导他修慈悲观；对农夫讲庄稼事，对妇人说家常话，这种方法与孔子因材施教的教学精神是相通的。总之，这四种摄受众生法，是实践菩萨道必修的课目。

另外，在实践菩萨道上，最重要的是六波罗蜜与十波罗蜜。六波罗蜜又称六度，即度化众生到涅槃彼岸的六种方法。其中布施、持戒、忍辱是利他的福德资粮，精进、禅定、般若三者则是自利的智慧资粮。实践六度，便能福慧双修，通达诸法妙谛。关于布施，前面大致说过，这里特别强调的是菩萨对众生施与财、法、无畏的布施波罗蜜时，必须富有"功成不居"的精神，发挥到极致，则与老子所说"己愈为人己愈有，己愈与人己愈多"的境界是相同的，也就是说布施到最后，反而会感到自己拥有的越多，乃至无所不有。

至于持戒，可以对治恶业，有止恶的摄律仪戒、行善的摄善法戒、利他的饶益有情戒等三聚净戒。持戒波罗蜜首重存心，若是外面守戒如仪而内里存心不良，阳奉阴违，不算是持戒；若是外行方便而内犹守戒，则不算是破戒。譬如六祖惠能，当他隐于山中与猎人同住时，吃的是肉边菜，然而却不妨碍他的修行。持戒最好内外如一，无终食之间违"戒"，则造次必于是，颠沛必于是。最初持戒时往往感到动辄触禁，等到积久成习，乃至从心所欲不逾矩时，即是持戒的最高境界了。

忍辱波罗蜜，是对治瞋恚，安住身心的方法。行忍辱，可以化干戈为玉帛，《阿含经》中有不少这一类的故事。历史上有韩信的忍胯下之辱，由于忍辱，激励他成为一代名将。又如越王勾践，为了复国而卧薪尝胆，其间曾为了取得吴王夫差的信任而尝粪辨味，忍人所不能忍，难怪他能再中兴复国，忍辱力量之大是不容轻视的。菩萨在实践布施、持戒、忍辱三种波罗蜜之后，还要精进力行，不生退转之心，始能进至禅定，乃至彻悟而得般若波罗蜜，此时，欲成就无上菩提就非常容易了。

其次，所谓"十波罗蜜"，是就前面所说十地修行的法门而言，即指布施、持戒、忍辱、精进、禅定、智慧、方便、愿、力、智等十种，前六者是前面所说的六波罗蜜。方便，为菩萨上弘下化时的种种权巧施为。愿，指菩萨于追求佛道时所发下的本愿，如普贤菩萨的十大愿、药师如来的十二大愿、观世音菩萨的十二大愿、文殊菩萨十八大愿、法藏菩萨的四十八大愿。此外，"众生无边誓愿度，烦恼无尽誓愿断，法门无量誓愿学，佛道无上誓愿成"的四弘誓愿，则为菩萨的共同愿行。誓愿，使菩萨充满力量、智慧，而无怨无悔的实践菩萨道。

菩萨在三大阿僧祇劫中，修持三十七道品、四摄法、六波罗蜜，乃至实践十波罗蜜，渐渐超凡入圣；自初发心的菩萨而至久发意的菩萨，而至阿鞞跋致不退转的菩萨，而至一生补处的菩萨，并以一百劫庄严相好，三祇圆满福慧，终而登上等觉佛地。所以，菩萨道的完成，实在不是一蹴而就的，必须循序渐进，内外如一，经久不断地修持，才能一阶一阶地登升上去，其间每一阶段的完成，都是永恒的喜悦。

总而言之，要成为菩萨，说难不难，说容易也不太容易，不过可以确定的是：菩萨也是凡人做的。只要我们能涵养慈悲的性情，发菩提心，学习菩萨坚忍无我的精神，修持六波罗蜜，有心成为菩萨，那么，人人都是菩萨。

1979 年 11 月 9 日讲于台北"国父纪念馆"

我的宗教体验

数十年来，我凭着一颗至诚恳切的心以施为舍，
以忍辱为力量，在佛教中安住了下来，
每天饱餐佛法的醍醐美味，这就是我的宗教体验。

我出家已逾一甲子，这 60 多年来的佛教生活，不论是参学、修行，或是弘法办事，有一些酸甜苦辣的感受。常有人问我的宗教修行、宗教体验。古人说：愚者千虑，也有一得。因此，我分几个阶段来说明我个人的宗教体验。

一、幼年期的宗教熏习

我出生在苏北一个神佛信仰混合的家庭里，大概从我三四岁，略懂一些人事开始，就受到浓厚的宗教熏陶。

我的外婆 18 岁开始吃素，和我外公结婚以后，仍然精进不息。每天清晨都起床做早课，她目不识丁，却能背诵《阿弥陀经》《金刚经》等经文，并且有一些奇异的生理反应，她自以为修得神通，更是努力修持。我和姐姐从小受到外婆的影响，因此，在我三四岁时，就和姐姐比赛持斋。当时年幼无知，不了解中国佛教之所以注重

素食的道理，吃素只是为了讨外婆的欢喜。

我的童年，是和外婆同住。每到半夜三更时分，她就起床静坐，打坐时，肚子会发出翻江倒海似的哗啦哗啦的响声。我经常从睡梦中被吵醒。于是问她："外婆，您肚子的叫声怎么如此大呢？"

"这是功夫，是修炼以后的功夫。"

我也深信这是功夫，后来也常接触到普遍于民间信仰的巫术，譬如神道、扶乩、观亡灵、走阴司等等。我有一位三舅母还参加大刀会、花兰会，并且持咒、讲法术，虽然表面上是参加宗教活动，实际上却是抗日组织。听说咒语一念，刀枪不入，只要拿木棍、铁棒，就能抗拒敌人。我们这些小孩子，基于好奇心，对这位具有超人能力的舅母特别恭敬，整天跟随她，希望她传授功夫给我们。她告诉我们：要学习神明附体，自然有神奇的力量。如何才能神明附体呢？她自称有法术，只要咒语一念，神明就附于身上了。对于这一点，我始终无法相信，我的三舅父，更是反对她这种神奇怪异、故弄玄虚的举动，常常呵责她。我们小孩子不懂事，有时也学三舅父的口气揶揄她。

记忆中，有一次吃晚饭的时候，大人们都外出不在，我们一群小孩，围绕着她说："舅母，您常说有神明来附体，到底是什么神明？还不是草头神！"她莞尔一笑，没有回答。但是过了一会儿，忽然把摆碗筷的桌子一翻，全身抖动起来，口中发出异于平日的老妪语调说："我是梨山老母，下了凡尘，你们触犯了我，快跪下来忏悔！"

三舅父是民兵大队长，是我们小孩子心目中的英雄好汉，从小我也以小英雄自许，心想这一跪，就失去了英雄的威武，但是心中又害怕这个神明，想跪又不愿意跪。正在进退维谷的时候，三舅父回来了，看到这个情形，拿根棍子要打三舅母："什么神明又来了？"他们夫妻开始抢那根棍子。说也奇怪，平常柔顺谦和的三舅母，忽然力量变大，健壮的三舅父几乎抢不过她。如此僵持了一段时间，三舅母突然打了一个呵欠，悠然醒来，若无其事地说："发生了什么事？"这时候，任凭三舅父数落，她都温和贤淑，毫无怨言。我从小就在这种民间信仰浓厚的家庭之下长大。后来出家了，对这种奇异的行径，虽然有一点不以为然，但是也不激烈地全面否定。

我 12 岁出家，一直在各处丛林参学，过了七八年才再度回到家乡。回到家里，外婆正坐在一棵树下做针线，我坐在她旁边，不由忆起儿时情形，心想：外婆的功夫是肚子能发出巨响，但是几年来，我遍参不少才德兼备的高僧大德，却不曾听说肚子会叫的，今天要借此机会向外婆讨个说法。于是，我打开话题说："外婆，您的肚子还会发出响声吗？"

"这种功夫怎么会消失呢？"老人家信心十足地回答。

"这肚子的叫声，究竟有什么用呢？譬如汽车的引擎、飞机起飞的声音，比起您肚子的声音还大，它们也只不过是机器发动的声音。您肚子的声音对于人类的道德，并不能提升；对于生死的解脱，并没有助益。我在外参学，见过不少有修行的高僧，可是从来没有人肚子会叫的呀！"

年过古稀之龄的老外婆，听了之后，很严肃地愣了半天，才说："那么，修行应该怎样才正确呢？"

"修行应该从人格的完成、道德的增长做起；修行是明心见性的功夫，而不在于肚子是否能发出声音。"

她听了这一席话之后，以慈祥的眼光，静静地注视我良久，但是我心里却难过起来。老人家勤奋修行了数十年，甚至修练到具有异人功夫的境地。肚子会叫，对生命的升华虽然于事无补，但是因此使她对宗教产生坚定的信仰，是不容否认的。我这一番话，使她对自己数十年的修持，产生了动摇，失去了信心。我看她若有所失的样子，实在于心不忍；她那怅然若失的神情，至今犹存脑际。

就在那一天，她当面嘱咐我：她过世以后的百年大事，儿媳不得过问，一切交给我处理。外婆在她有生之年，最后仍然选择了正确的信仰。

后来，我随缘来到台湾，关山远隔，家乡的音讯杳渺，外婆委托过我，而我亲口承诺的事，也无法尽一份为人子孙的心意，对于老外婆，我一直深深地感到歉疚。因此我初到台湾，对于神道教弥漫充斥、信仰复杂不纯的社会，虽然有心去净化、匡正，但是并不极力去破坏深植于民间的神道信仰，因为那是初信的基础，不失为引导初机者入信的方便。

举例说，二十多年前，我到宜兰弘法，宜兰的南方澳、北方澳，从来没有出家人去布教，是没有佛教传播的地方。那里有一间小庙宇，供奉着妈祖，当地的老百姓经常去烧香膜拜，香火不断。老百姓没有接触过佛法，不知道正信的佛教是什么，他们认为自己是拿香祭拜的，都以佛教徒自居，不肯接受基督教或天主教的传教。他们所信仰的并不是纯正的佛教，但他们的内心却对佛教产生坚定不移的信念。

过去在我的故乡，几百里路看不到一个治安人员，几县相连也没有法院，社会民风纯朴，犯案很少。老百姓如果有什么纠纷，就相约到城隍庙、土地庙，烧香、发誓，甚至赌咒，谁是谁非，问题自然迎刃而解。城隍庙、土地庙,在他们的心目中,比法院、警察局还值得恭敬。宗教的力量,使他们心悦诚服地接受裁决。这种被某些人讥讽为迷信的信仰,对于安定人心,维持社会安宁等方面,却提供了不可忽视的贡献。

我的童年受到这种浓厚的宗教信仰的熏习,当时虽没接触真正的佛教,但是宗教移风易俗、劝人向善的思想,深深地影响了我,在我小小的心田中,种下了日后出家学佛的因缘种子。

二、参学中的贫淡生活

出了家必须参学,这是每一个出家人养深积厚必经的过程,我也不例外,而我的参学生活是贫苦的。

我有一位伟大的师父,他是南京栖霞山寺的住持——志开老和尚。我在外参学,几年也见不到他一面,更遑论亲近请益。即使偶尔见面了,他像其他师长对待晚辈一样,对我不是凶吼一顿,就是指责一番,从来不曾问我短缺些什么。十年之中,师父只给我两套衣服,我也不敢向父母要钱做衣服,每次写信回家,总是报喜不报忧:"师父待我很好,我日子过得很好,请你们不要挂念。"

有时写一封信向母亲报告平安,信写好了,却没有办法投递。甚至去年写好的信,等到今年都寄不出去,原因是连一张邮票的钱都筹不起来。有时衣服破了,就用纸缝缀一下;鞋子坏了,鞋底没有了,就用硬纸垫补一番;袜子缺了,就捡别人的破袜子,因为不容易捡到相同的颜色,记忆中,我脚上所穿着的两只袜子,颜色总是深浅不同。

我的身体还算粗壮,在十年的参学生活中,得过两次病:一次是牙齿蛀坏了，吃饭时，常常不小心饭粒塞进蛀洞，刺激到微细敏感的神经，痛彻肺腑。虽然如此，仍忍耐了两年，不敢要求看医生，每天吃饭，不敢细细咀嚼，深怕触及痛处，总是囫囵吞下去。

又有一次，得了疟疾，寒热煎熬，极为难受。在丛林里，是生病也不准请假的，仍然要随众参加早晚功课。我每天支撑着虚弱的身子，随着大家作息，大约折腾了半个多月，疟疾终于好了。不知怎的，我生病的消息传到了家师耳中，当时他在佛学院当院长，遣人送给我半碗的咸菜，我接到这半碗咸菜，感动得不能自已，含着满眶的热泪把它吃下去，心中立下志愿："伟大的师父！您知道我有病呀！我永生永世跟定了您，誓必使自己不辜负您的愿望，把色身交托给佛教，把生命奉献给众生。师父！我一定要把出家人做好！"

在物质充裕的现代人来看，半碗咸菜算得了什么，但是在我看来，那是一碗充满关怀、爱护，溢于言表的师恩。从小我就有"滴水之恩，当涌泉相报"的个性，别人对我有一点小恩惠，我总想以生命相献来报答他。

数十年前的中国社会，经济没有今天的发达，寺庙里也没有富足的生产，加上粥少僧多，物质奇缺。当时我挂单的寺院，一共住了400多人，由于经济拮据，半个月才能吃到一餐干饭，并且还是掺杂着杂粮煮成的。每天早晚吃的稀饭非常稀薄，和水一样的清淡。下饭的菜，不是豆腐渣，就是腌萝卜干。萝卜干里，经常看到蛆虫在蠕动爬行；豆腐是留给客人食用的，豆腐渣才是我们参学的云水僧配食的菜肴。由于没有油，豆腐渣不放在锅子里炒煮，而是拿到外面曝晒，曝晒时，麻雀们飞来分享一点，饱餐一顿之后，还不忘留下他们的礼物——粪便。每天我们过堂吃饭，菜摆在面前，念供养咒时，就闻到阵阵刺鼻的臭味，大家总是屏住呼吸吞食下去。所喝的菜汤，清澈见底，拿来洗涤衣服也不混浊。有时菜汤上面飘浮着一层小虫子，底下沉淀着一些蜗牛、蜈蚣、蚯蚓，我们也只好闭着眼睛喝下去。

这样的生活经年累月，根本谈不上营养、卫生，更遑论美食。但是不可思议的是，不曾听说有人因为营养不良而害病，什么胃肠病、感冒等病，也少之又少，其原因何在？我想和吃饭时念诵供养咒有很大的关系；念供养咒可以祛除病魔，保持健康。

那种贫苦的生活，对我日后心志的磨炼、生活的淡泊，有很大的助益。譬如台湾盛产水果，许多人饭后有吃水果的习惯。我虽然知道水果香甜可口，由于过去丛林的生活，不曾听过水果这个字眼，没看过水果这样东西，当然更没有吃过水果的经验，因此在我的生活里，养成不吃水果乃至一切零食的习惯。现在有时信徒送我一些吃的东西，我总是转送给大众。我这种食但求充饥，不必琼浆玉液，甚至没有饮食也泰然的性格，得力于从贫苦的参学生活中，养成了不贪吃的良好习惯。俗语说：病从口入。现在有些人的疾病，往往起因于过度的营养。不贪吃的习惯，维护了我的身体健康；不贪吃的习惯，使我节省精力、时间，而全心从事弘法利生的事业。

从林参学的生活，三餐已经难以温饱，更没有余钱可存放身边，没有钱，也就没有购买的习惯。我不购买东西，并不是着意持戒，故意不买，而是身无分文，自然养成习惯。即使现在接受一些供养，也没有储蓄的习惯，我认为私人储蓄金钱是一件痛苦的事，只要身边有一点钱，我会赶快用出去；用在兴建佛教事业，因此假如我对佛教有微薄的贡献，我想是贫苦的参学生活，使我养成个人不蓄钱财，佛教需要净财的认识。

我在参学中，有一次受到某一位师长的责怪，家师知道我受了委屈，心想我是否承受得了难堪。有一天差人叫我去见他，开导我一番之后，问起我的状况，然后端起桌上的茗茶说："你以为没有钱，向我诉说，我就会给你。明白告诉你，我把喝茶的茶叶钱省下来给你花用，你也用不完。但是我就是不给你，什么道理？现在你不懂，不过，将来有一天你会了解我的心意！"

我当时听了，表面上不敢反驳，内心却不以为然地嘀咕着："几年来我穷得身无分文的，您不给就算了，何必说些冠冕堂皇的话呢？……"随着年岁的增长，现在我终于懂了，我觉得师父是真正爱护我的，如果他给我钱财，我可以过得舒服一点，他内心一定也很欢喜，但是他不希望我养成"富岁子弟多懒"的挥霍恶习，他为了训练我在艰苦的岁月里也能够坚持下去，培养我吃苦耐贫的精神，忍受着内心的痛苦，以看似无情却是有情的大慈悲来调教我，养成我日后对物质生活不知希求的性情。

和颜悦色爱护一个人很容易，而疾言厉色教诲一个人，如果没有强大的力量、深广的爱心，是很困难的。恩师给予我的恩泽，点滴感怀胸臆，而数十年来，我也没辜负家师的期望，无论环境如何恶劣困顿，凭着参学时代所孕育的力量，我坚强地踏出步伐，至今尔后，仍会毫不退缩地走下去。

三、修行时的刻苦自励

我没有很大的修行，不懂什么才叫作修行，不过幼年的时候，我确实以一些修行方法来磨炼自己。

看到别人过午不食，我也尝试过午不食。刚刚开始非常不习惯，由于平常的饮食缺乏油水，已让我处于半饥饿状况之中，再少吃一餐，加上十五六岁正是发育的年龄，需要多量的热能，现在不但得不到补充，反而减少，每天饥肠辘辘，十分难受，只好苦苦地支撑着。

这样苦撑了一段时期以后，过午不食带给我很大的轻松，感觉无比的舒畅。它给我的好处是：

（一）时间充裕

在佛教僧团中，一切的作息，都要随大众进退。吃饭是训练忍耐力，培养不贪婪，激发惭愧心的修行。过去为了进食晚餐，要排队、要入斋堂、要出斋堂……时间往往在互相等待之中，不知不觉地流逝。过午不食，可以省去一个多小时的时间，温习旧日的功课，做许多别的事情，感觉上夜晚忽然漫长起来，生命好像充裕不少。

（二）脑筋清明

从生理卫生来看，当我们吃过饭以后，血液集中于肠胃，进行消化作用。过度饮食之后，往往无法清晰地思考事情，所谓"脑满肠肥"就是这个意思，所以古人告诉我们食不求饱，只要八分饱就可以了。在我过午不食这段期间，许多平常不曾想到的事情，仿佛清江映月一般，自然浮现于脑际；过去百思不得其解的道理，宛如茅塞顿开一样，了然于心田。

（三）身心轻爽

过午不食习惯以后，胃部减轻了重量，感到身心自在清凉，飘飘然地不需要用力走路，如腾云驾雾似的悠然自得。

这种过午不食的修行，实践一段时期，效果很好，时间久了，身体渐渐消瘦，无法支持下去，于是放弃不再坚持。我为什么放弃过午不食的修行？因为佛陀指示我们：修行并不在吃或不吃，而在于吃得合法不合法。

有些人以为日食一餐，甚至不食人间烟火，只喝水充饥，或者以水果裹腹就是有修行。这种作风，佛陀早已批评过并不是如法的行为。如果摘食野果、啃啮绿草，就是有道的修行者，那么山林间的猿猴牛羊，不都成道了吗？如果喝水就是学道的表征，那么江海中的鱼虾水族，不都已登地入位了吗？

《佛遗教经》上说："如蜂采花，但取其味，不损色香。"经典告诉我们，色身虽然是虚幻不实的东西，办道却不可不借助它，即所谓的借假修真。我们每日饮食固然不可豪奢浪费，如石崇一般日食万金，但是也不可矫枉过正，粒米不进。应该抱着饮用良药，以医疗我们枯槁形体的心情来进食，提起正念，不贪求美味，不介意多寡，随缘不着意来食用。

佛陀未成道之前，经过 6 年日食一麻一麦的苦行生活，最后体悟到苦行的不究竟，而扬弃没有意义的苦行，接受牧羊女的供养，恢复了体力，终于在金刚座上证悟了真理。佛陀的伟大事迹早已启示我们：学道不在于吃得多少，而在于合法与否。日食一餐，甚至风餐露宿的人，如果对弘法利生的事业，没有丝毫的贡献，也称不上高僧大德。如果对佛教能提供伟大的贡献，虽然日进三餐，仍不失其崇高的风范；修行不在于形相上树立了什么，而是实质上究竟完成了什么？

在佛门里，流行着一种现象，行为上如果不表现奇异，就显示不出自己的道行。因此，有些人在吃的方面为了显出其"怪异"的行径，逢人就说："我是过午不食的！""我是不吃饭的，晚上我只吃一碗面食。""晚上我不吃饭食，我只喝流质的牛奶。"为了你过午不食，重要的会议开到一半，不得不停止下来准备进午餐，以免误过了中午的时辰；晚上为了你不吃饭，只喝牛奶，别人还要特别为你泡一杯牛奶，增添别人的麻烦。像这样，道行还没有修持，已经损减许多的福报。其实，修行不在着意于某一种法门，培养一颗笃定踏实的平常心更重要。看到别人刺血写经，我也好奇去尝试。当夜深人静，万籁俱寂的深夜，佛前一盏昏黄的孤灯陪伴着我，我蘸着一滴一滴鲜红的热血，写下我对佛法的信心，写下我对众生的热爱。我的血肉和佛陀的圣教融合成一体，我愿意将身心奉献尘刹，来报答诸佛的恩惠，我感觉到自己的道心在增长，人格在升华。

除了刺血写经之外，对我帮助很大的是"禁语"。年轻的时候，我属于热情澎湃的典型，什么事情都觉得应该当仁不让，勇于维护正义，但是也因为心直口快，而惹来不少的麻烦，因此觉得自己有"禁语"的必要。

我曾经实践过一年的"禁语"，刚开始很不习惯，不知不觉中就脱口而出；明明知道不能说话，偏偏忘记，说溜了嘴。当时我正在焦山佛学院参学，为了处罚自己，独自跑到大雄宝殿后面，人迹罕至的地方，掴打自己的耳光，并且自我责骂："你这个家伙！没有出息！自己欢喜持禁语，又没有人勉强你，却出尔反尔，不能持好。"为了根除自己的习性，务必给自己刻骨铭心的教训，于是我重重地处罚自己，打得嘴角渗出鲜血。我试着这样处罚自己之后，心里觉得很落实、很平安。禁语，对于青年时代初学佛法的我，在学习过程中，有很深的意义。

西方有一句谚语："沉默是金。"有时粗糙的语言，实在无法表达我们细腻的心灵活动，在静静无声的沉默中，彼此的心意反而更能相契。学佛的人，首先要学习无声，不只口中无声，更重要的是心中无声。有时我们受了一点委屈，表面上虽然若无其事，内心的不平怨愤却如澎湃的浪涛一样，发出巨大的响声，如果我们能止息内心烦恼的声音，那就是宁静无声的证悟世界。

有些人打禅七或打佛七，由于禁语不能讲话，看到人就指手画脚，表示自己正在实践禁语。这样是不彻底的，口中不说，心中尚有说话的念头，仍然是一种执着。何况做手势，也是讲话的方法之一，聋哑的人，就是以"手语"来表达他们的意思。俗语说："把坛口封紧的酱瓜酱菜，特别香脆。"我们要从嘴上的禁语，做到心中的禁语；从无声之中，深化生命，增长灵智。

受戒时的生活训练，培养了我几个习惯。我 12 岁出家，15 岁受戒，在 53 天的戒期里，我几乎没有睁开过眼睛正视周围的一切。本来 15 岁的男孩子，正是精力充沛，好奇心强烈的时候，对于身旁的事物，难免好奇地看一眼；听到一些风吹草动的声音，有时也兴致勃勃地聆听着。戒场的引礼师父们看到了，就挥动手中的柳条竹藤，狠狠地打我一顿说："小小年纪，两只眼睛不老实，东瞟西看的，哪一样东西是你的？""小孩子，听一些闲话做什么？把耳朵收起来！"

挨了戒师一顿打，心想：这戒常住栖霞丛林里的一草一木、一砖一瓦，哪一样是我的东西？既然没有一样东西是我的，我怎么可以贪婪地观赏呢？戒常住的事情，岂是我们小孩子可以随便插足的呢？因此 50 多天的戒期，我把眼睛紧闭起来，不看外面纷纭的世界，而返观内在平静的世界；我把耳朵堵塞起来，不听尘嚣的喧哗声，而聆听心灵深处的幽谷跫音。

戒期快要结束时，我偶然随众在走廊上经行，把眼睛一睁，蓦然发觉这世间还有山、有水、有树、有花；我体会出为什么残疾人反而比一般完整无缺的人，还要耳聪目明。海伦·凯勒曾经写过一篇感人的文章：假如他有三天的时间，能够去看世界，他将要细心地观览小草是如何换上它们的绿裳；假如他有三天的时间，可以聆听声音，他将要侧耳去倾听小鸟是如何欢欣地谱下它们的新曲。海伦·凯勒虽然双眼失明，却拥有了慧眼；两耳虽然失聪，却能听到一切的天籁。

在戒期中，每天所安排的功课，非常紧凑，没有时间躺下来睡觉。小时候，我看到牛马站着也能睡觉，心想我绝对不能输给它们，因此在戒期中，我养成坐着也能入睡，站着也能安眠的习惯，客观环境所形成的障碍，让它成为修道的逆增上缘。

佛教里的规矩，戒期圆满时，要燃身供佛，以示虔诚。中国佛教从明朝以来，形成在头顶上燃烧戒疤的制度，并且一直沿用至今日。那时我 15 岁，家师可能认为我年幼出家，将来是否经得起考验，不变初心，把出家的路走好。为了让我安住于佛门，请戒师燃烧戒疤时，把我的戒疤烧大一点，以留下明显的印记，让社会上的人一看，就知道这是个曾经出过家的人，杜绝我立足社会的念头，使我"置之死地而后生"，死心塌地地做个出家人。

烧香疤的老和尚听到家师这么说，因此当香珠燃烧至头顶骨的时候，他就用力在我头上一吹，香珠的火一旺盛，把我的头盖骨烧得凹了下去，十二个香疤连结在一起，仿佛下陷的盆地一般。这一烧不打紧，不仅把头骨烧出个洼来，并且破坏脑神经细胞，原本灵巧的小孩子，竟然从此失去了记忆力，变得笨拙不会念书。但是佛学院的老师对功课逼迫得很紧，每天要背诵文章经典，为了避免受到处罚，只好拼命地用功。

由于记忆奇差，过目即忘，于是趁更深人寝的时候，躺卧在棉被里，偷偷地背诵着白天的功课："归去来兮，归去来兮……"反复不断地念着，好像记住了。再背下一句："田园将芜胡不归……"重复不停地默念 100 次，似乎牢记在心头了，再回忆前面所背的，却又忘得一干二净。心想完了，脑筋退化得和白痴一样的愚笨。

记不住课文，老师处罚我跪在人来人往的走廊上背诵，以示警诫。虽然如此，脑袋偏偏不合作，搜遍枯肠，仍然无法背好。老师拿起戒尺，一面笞打我，一面责骂："太笨了！你要礼拜观世音菩萨求智慧啊！"顿时，我眼前展现无尽的光明，充满了无限的希望！"礼拜观世音菩萨，就会有智慧吗？太好了，从今以后，我要好好地礼拜观世音菩萨！"

在僧团里，一切生活起居，要随着团体进退作息，个人不能随便活动，即使拜佛也有一定共修的时间，不可以自由随便。为了求智慧，我总是等到大家都熟睡了，才悄悄地起床。月黑风高的深夜，丛林深山古寺里，四周寂静无声，连虫儿都屏住了呼吸，只听到自己如雷鸣的心跳声。我蹑手蹑脚走到殿堂，埋头礼拜观世音菩萨，口里念着："悉发菩提心，莲花遍地生，弟子心朦胧，礼拜观世音。求聪明，拜智慧，南无大慈大悲救苦救难广大灵感观世音菩萨！"我仿佛失怙的孩子，重回慈母怀抱，至诚恳切地称念着菩萨的名字；如同遭难的舟船，找到了明灯，拜下了我的赤忱。

我每天虔诚地礼拜菩萨，大约连续了两个月，虽然没有菩萨摩顶授记、甘露灌顶等感应，但是却有另一种不可思议的感受，我这个愚笨的头脑不但恢复过去的记忆，并且比过去更聪明，学校的功课背诵纯熟，过目不忘。明天要考试，其他的同学认真地准备功课，我仍然照常玩耍，只要晚上稍微看一下，明天就能倒背如流，应付自如。

当时幼稚的心理，以为礼拜观世音菩萨是为了求聪明、会读书，既然读书已经不成问题，也就不需要如此夜夜去礼拜菩萨了，因此拜了一段时日以后，再加上团体生活的关系，就停止礼拜了。如果当时有一位大德能够指导我、鼓励我继续不断地礼拜下去，一定能收到更大的效果吧。

虽然如此，这次的经验之后，观世音菩萨的圣号，不曾一刻离开我的心头。60 多年来，无论走路、睡觉、做事，总是自然地默念着："南无观世音菩萨！"欢喜时，觉得一切是菩萨的加被；苦难时，当一切的人都舍我而去时，菩萨仍然陪伴在我左右，慈祥地庇护着我，给我一股无比的力量。

我一生的弘法工作，受到菩萨慈悲加持的事迹非常多，譬如我开创佛光山，观世音菩萨灵感的事情，不胜枚举，许多人曾经在大悲殿里听到法器梵呗的声音，也有人看到毫光显现等等。我个人以为最重要的，要以我们的心去"感"菩萨的悲心，有了"感"，自然能"应"受到菩萨的恩泽加被。在我的生命里，和观世音菩萨有非常深远的感应！

除了礼拜观世音菩萨，我也常称念弥陀圣号。我一生提倡的"朝观音，晚弥陀"，就是早晨称念观世音菩萨的圣号，晚上念唱阿弥陀佛的六字洪名。观世音菩萨慈航普度，应声解救疾苦，是排除我们"生"的苦难问题；阿弥陀佛慈悲接引我们，脱离娑婆的痛苦，往生西方极乐，是解决我们"死"的归宿问题，因此"朝观音，晚弥陀"是解决我们生死的问题。如果能够朝念观音，暮持弥陀，不但今生无忧无虑，来世更能得到无上的快乐。

除了平时持念弥陀圣号，我一生参加过或者亲自主持的弥陀佛七，有 100 次以上。一次的佛七，为期 7 天，100 次的佛七，有 700 多天。在这 700 多天佛号不断的日子里，感觉非常的轻松。我不像一些人有许多灵异的感应，不过有几次的佛七，留给我深刻的印象。

1954 年，我在宜兰雷音寺主持佛七。那 7 天只觉得佛号绵绵不断，缭绕于耳际。吃饭的时候，一口一口是"阿弥陀佛"、"阿弥陀佛"……刷牙的涮涮声，是一声声的"阿弥陀佛"……睡觉的时候，人虽然睡着了，但是神志清明，心中仍然"阿弥陀佛"、"阿弥陀佛"……响个不停；走路的时候，脚步轻盈，好像腾空一般，不是自己在行走，身后似乎有一股力量在推动着自己前进，而每一个步伐，也是"阿弥陀佛"……任何时刻所感受到的都是"阿弥陀佛"、"阿弥陀佛"……

7 天就在绵绵密密的弥陀圣号中，一眨眼地过去了，忘记了自己的存在，忘记了"时间"为何物，感觉 7 天只不过一弹指。这次的佛七给予我的信心、宗教的体验，比过去膜拜观世音菩萨更深刻，让我体会了物我两忘、时空俱泯的境界。

对于念佛礼拜，我们初学者在持念佛号，或者顶礼圣容时，要放下一切，将身心完全投入念佛礼拜中，念得让你感受到这个世界不存在，感觉到人我都已荡然无存，身心已经脱落泯灭，只有一句"阿弥陀佛！阿弥陀佛！"悠悠扬扬，似有似无地回荡于四周。只要真正进入这种情况，宗教情操的培养，宗教信仰的增长，自然比听闻多少次的讲经说法更直接、更能收效。念佛礼佛都一样，必须持之以恒，等到一心不乱，和佛菩萨感应道交的时候，自然能水到渠成，收到无限的妙用。

我青年时代的参学生活，除了拜佛念佛，也打坐参禅。中国佛教从宋朝以后，渐渐走向禅净共修的方向，我挂单的寺院也推行参禅。中国古刹多在深山之中，当时电气化尚不普遍，没有电灯照明，平日食用的油水已经不敷使用，更没有多余的油让大众点灯看书。晚上黑漆一片，无法看经读书，漫长的黑夜，就在禅堂里一支香、一支香地打坐，对自己的心性，下一番观照的功夫。

刚练习打坐时，腿部疼痛麻酸，不听使唤，有时痛得冷汗直冒，好像针刺一般的难受，但是仍然坚强地忍耐了下来。盘腿最重要的是疼痛时，不可以移动，愈是动弹愈是酸疼，最好强忍下来，一定要把腿部盘得十分熟练才罢休。

在禅堂里，纠察师父拿着警策的板子，来回地逡巡着，看到腿部盘得不如法的人，"啪！"香板毫不客气地打了下来。有时候腿部不听话，跷得好高，只好拿石头在上面用力压，或者用绳子，仿佛扎树枝一般把腿子绑紧，吃尽了苦头，但是我们都强忍了下来。在调身的过程中，我体验到忍耐是最大的力量。

本来参禅不一定要打坐，搬柴运水无非是禅，吃饭穿衣也充满禅机。禅不一定要坐，也不一定是卧。六祖惠能大师曾说："生来坐不卧，死去卧不坐，一具臭骨头，何为立功课？"禅不是在形体上用功夫，而是在心中见自性。虽然如此，初学者端身坐禅，仍为必经的途径。盘腿不一定就是参禅，但是生理影响心理，只要把腿部一盘，就能精神集中，意志统一，分散于外面的身心世界，自然而然收摄回来。

六祖惠能大师的《无相颂》说："心平何劳持戒，行直何用参禅？"修行，固然不可在形相上起执着，要在心性的解脱上用功夫，但是初机的人，要内外并重、性相兼修，才不致本末倒置，误入歧途。《无相颂》所揭示的，值得我们参考：

> 恩则孝养父母，义则上下相怜。
>
> 让则尊卑和睦，忍则众恶无喧。
>
> 若能钻木取火，淤泥定生红莲。
>
> 苦口的是良药，逆耳必是忠言，
>
> 改过必生智慧，护短心内非贤。
>
> 日用常行饶益，成道非由施钱，
>
> 菩提只向心觅，何劳向外求玄。
>
> 听说依此修行，天堂只在眼前。

修行需先从生活上的身体举止做起，慢慢到心性的锻炼，即是由外到内，由相起性的意思。有人问：天堂在哪里？如果你会打坐，腿部一盘，感到好安稳、好自在、好舒服、好愉快，当下就是天堂，天堂不在遥远的他方异域，天堂就在我们自身心上。如果有这样的体验之后，就能在宗教里植下深厚的根基，不会因为别人的讥讽而改变自己的信仰。

有一些人，好不容易萌发了菩提心，进入佛门来学佛，却因为受了一点委屈，轻易地离师叛道，甚至毁坏自己的信仰，离开了佛教，最主要是意志力不够坚定，对佛法不能培养磐石不移的信念。如果能从拜佛、打坐等修行中，体会佛法的无上受用，自然能够身心安住。打坐也不一定在禅堂里，也可以在早晚睡觉之前、起床以后，在床上打坐。打坐的时候，要把外缘放下，不挂碍外境的一切，才能坐得好。

有一些修行人，苦心孤诣地修行了数十年，一生当中也许只坐了一支好香。"坐破蒲团不用功，何时及第悟心空？"禅坐不只是身体打坐，更重要的是在明心见性上用功夫。至于拜佛，怎样才能拜得好呢？礼拜佛菩萨要缓慢，最如法的拜法是 30 分钟 24 拜，拜快了，像捣蒜似的气喘如牛，无法使身心平静下来。慢慢地拜，才能将感情礼拜出来；和缓地拜，才能用我们的心去接触诸佛的心。

四、弘法里的增长道心

1949 年，随着不可思议的因缘，我来到了台湾，开始我弘法的工作。我最大的志愿是以文字来弘法，因为文字超越时间、空间，透过文字的媒介，不止这个时代、这个区域的人可以接触到伟大的思想，几千年、几万年以后的人类，此星球、他星球的众生，也可以从文字般若中体会实相般若的妙义。靠着文字的桥梁，今日我们得以承受古人的文化遗产；由于历代高僧大德们的苦心结集、传译，今日我们才能饱尝法海的美味。

丛林的十多年参学生活，除了师长同学，我从来没有见过陌生人，也不曾和不相识的人谈过话，即使母亲，除了两次短暂的会面，也没有回过家请安。长期的寺院生活，使我乍然接触社会，不知如何安措手足。见到陌生人，不知如何启口谈话。心想像我这样不善言辞的人，干脆深研佛法，著书立说，以文字来弘扬佛法。但是当时的佛教没有环境让我写作，过去的中国大陆寺庙还好，台湾省的寺庙则有一种奇怪的现象，青年们出家学佛了，偶尔看看经书、写写文章都不允许，从早到晚工作不歇，譬如我在写文章，当家的师父看到了，就詈骂说："那个法师真懒惰、不做事，整天涂涂写写，涂鸦些什么？"

为了留给别人好的印象，不让人认为自己懒惰，我也放下我的写作志趣，从工作中去服务大众。我初到台湾不久，挂单于中坜的一个寺院里，由于年轻的人手不够，我每天要供给 80 个人的用水，从深邃不见底的井中打水上来，要打满 600 桶，才够全寺的人食用。除了打水，还要上街买菜。我每天总是踏着稀疏的月影，拖着嘎嘎作响的手拉车，到 15 里黄土路外的街上，把一天的油盐米柴拖运回来。

到了市场，星月还灰蒙着脸，菜贩子尚拥枕高眠呢！ 一到市集，我挨家挨户地请菜贩起床："起来，起来，买菜啰！"买好了菜，急急忙忙地赶回来，因为尚有许多清扫的工作等待着。安顿好了之后，赶快去清扫厕所，别人扫厕所，用水冲洗一下；我打扫厕所，喜欢用手去刷洗扒除，非把秽物清除干净，绝不罢休。这项工作给予我很大的受用，我觉得污秽的本来不是污秽，清净的本来也不是清净。如果我们有一颗清净的心，这世间上的一切，污垢也好，清净也好，其本体自性都是无染的。除了日常工作，寺中有人过世了，我帮忙包裹，抬出去埋葬。我从卑贱的工作中，培养服务牺牲的精神，孕育慈悲奉献的心胸。

虽然在寺里，也能服务大众，但是对象有限，不能把佛教"无缘大慈，同体大悲"的精神，普施于一切众生，因此后来离开了中坜。既然写作弘法的工作不能顺利推展，那么改从根本来挽救佛教的颓弊，于是我想到了兴学办教育。

台湾省佛教会在 1951 年，创办台湾佛教讲习会，我当时受聘为教务主任，有心培植佛教英才，以整顿垂老不振的佛教。可惜由于种种因缘，好事多磨，只教了两年就离去。学校教育的工作因缘不成熟，我只好去从事社会教育的工作，从此走上了讲经弘法的道路。直到 1965 年，才于高雄寿山寺，创立"东方佛教学院"的前身"寿山佛学院"，于 1973 年增办佛教大学——"佛光山丛林大学院"，1977 年并更名为"中国佛教研究院"。一般的教育，则陆续创办了"智光商职"、"普门中学"、"均头中小学"，乃至美国西来大学、嘉义南华大学、宜兰佛光大学等。教育是传递民族文化香火的根本大计。我一生对教育的推动是不遗余力的。

1953 年起，我到宜兰弘法，展开了一系列的环岛布教大会，并宣传大藏经。在一连串的弘法布教活动里，有一次在台北县顶双溪的小镇上所举办的布教大会，深深地感动了我，增长我对佛法的无比信心。

当地的老百姓热忱地邀请我们去布教，由于不懂得布教前的准备工作，事先既没有宣传，又欠缺周详的计划，一切乱糟糟的。

我们一行人到了之后，自己张贴海报，打锣宣传，把布教地点从小庙改到一间小戏院，跟随我来的二三十位青年布教员，手脚灵巧、分工合作，一下子就把会场布置得庄严无比。

为了让这些青年布教员及早成就，我带着他们各处去布教，我会事先写好讲稿，让他们届时重念一次。为了扩大影响，收到效果，每次布教结束，就用幻灯片打映出一尊佛像，然后由一位布教员对着佛像，念着我事先写好的祈祷文：

> 伟大的佛陀，我们是宜兰念佛会弘法队的队员，今天我们把佛陀您的慈悲、智慧、功德，带给顶双溪的大家，请求佛陀您加被这里的人们，让他们在您的佛光庇荫下，能够获得幸福、安乐的人生。

像这样的讲辞，我已经耳熟能详，在各处布教弘法时，不知道听过多少次，但是当年轻的弘法队员，那字正腔圆、充满虔诚的音声，透过麦克风散播出来时，仍深深地撞击我的心坎，而情不自禁潸然涕泣，我心中默默许下一个愿望："从此誓愿献出我的生命，努力于弘法利生的工作。只要众生需要佛法，不管穷乡僻壤、蛮荒野地，我都愿意去布教！"因此，台湾从南到北的监狱、各地机关、学校、部队，数十年来，无论哪一位，只要他欢喜我讲说佛法，即使牺牲睡觉、吃饭的时间，我必定如他的愿望。因此佛光山有一些法师、学生，看到我孜孜不倦地说法，有时会问："师父，你怎么有那么多话可讲呢？"我许过愿，要把我所体悟的佛法，布施给大众，一切是我自己心甘情愿，欢喜去做的；如果能将信心与忍耐，建立在心甘情愿的奉献上，自然能产生巨大的力量。

在弘法布教的工作中，我仍然未曾稍减写作度众的愿望。有一年环岛布教，途中突然觉得双腿不能弯曲。我们从宜兰出发，经过花莲、台东，到了屏东的东山寺，受到大众热烈欢迎，入佛殿拜佛，一拜下去，却起不来。心中一惊，怎么得了！后来经医生诊断，说是得了风湿症，必须锯断双腿，才不会蔓延恶化。心想，双腿若是锯断了，不是变成"瘫和尚说法，能说不能行"吗？继而一想：腿子不锯断，要南北奔波，到处弘法。腿子锯断了，不也可以顺自己的心愿，关起门来著书立说，照样传播佛法吗？

就这样我对人生、对生命、对所有的一切都不强求，一切顺乎自然，随着因缘，因此面对锯腿，我的感受是平静的。佛法告诉我们要放下、要自在，面临生死灾难时，心里畏惧，并不能去除死亡的阴影；也不是信了佛，就可以免掉死亡。信佛只是给我们力量，能够坦然地去接受一切，佛法指示我们如何活得有意义，其实懂得了"生"，就知道如何去面对"死"。学佛如果能够体会这一切，就足够我们一生受用不尽。

又有一次，我们到南投鱼池乡去布教，晚上住宿在靠近山边的一户农家，乡下地方没有卫生设备，房间里摆了一个尿桶，臭气四溢，熏得我们很难受，没有办法睡觉。当时我和煮云法师同住一起，我对他说："煮云，我睡不着，你讲个故事来听听。"

"这么迟还不睡觉？"

"你怎么睡得着？这味道那么难闻！"

"是难闻，你勉强睡嘛！"

"勉强了好几次，都无法入睡，你讲个故事好不好？"

煮云法师最喜欢讲故事，满肚子的典故轶事，由于我爱听，他更喜欢讲。

“那么，我讲玉琳国师的故事好了。”

听了一段之后，我对他说：“我一定不辜负你讲故事的辛劳，我会把国师的高行发表于杂志，让大家共享。”

后来我将玉琳国师的事迹，编写成书，陆续发表于《人生》杂志；这种布教的生活，乡村的尿桶，也能启发我的灵感呢。

数十年的布教生活，从学校到社会、从乡村到都市、从公司到监狱，从学校到军营，乃至几次的海外弘法，看到中国佛教的衰微颓弊，百废待兴，愈发坚定我献身佛教的愿心。

五、生活上的佛法体验

佛教里有一种怪现象，一般人的观念认为讲佛法要讲得玄乎其玄，让大家如堕五里雾中，不得其解，不如此则显不出他的高明。听不懂就是好的吗？听不懂的佛法，再奥妙也只是束之高阁的装饰品，对我们的生活一点也没有帮助。我个人不喜欢谈玄说妙，更不喜欢故作神秘，说些别人听不懂的话，不论多么难解的教理，我总是深入浅出，让大家很容易地了解。就是谈空论有等形而上的问题，也设法和日常生活印证。

佛教一旦离开了生活，便不是我们所需要的佛法，不是指导我们人生方向的指针。佛教如果不能充实我们生活的内涵，那么，佛教的存在是没有意义的。佛陀的教化，本来就是为了改善我们的人生，净化我们的心理，提升我们的生活；佛法是离不开生活的。《六祖坛经》上说：“佛法在世间，不离世间觉。”我一生的理想，就是弘扬人生佛教、生活佛教。

数十年来，我从生活中体验的佛法，不是一二言语所能道尽，仅具体举出以下四点。

（一）以退为进

平常我们总以为前进显耀的人生，才是光荣的，而不知道后退的人生，另有一番风光。我们寻幽访胜，辽阔无垠的旷野，有时候失之于平淡，峰回路转的溪壑，也别有洞天，所谓"山穷水尽疑无路，柳暗花明又一村"。前进的人生，是一半的人生，加上另外一半后退的人生，才圆满无缺。

在我童年那 10 年的丛林生活中，我接受了关闭式的教育，受到近乎专制的行为约束。这种远离社会繁嚣、截断众流的山林生活，长养我对佛法的无比信心，让我从守成持重中，肯定自己的宗教信仰。为了跋涉更遥远的路途，我们需要休息、养精蓄锐；为了完成更繁重的工作，我们需要含藏、养深积厚。飞机、船舶如果不借着引擎排气时所产生的反弹力量，则无法前进；农民插秧，一排一排地退后，退到最后，终于把满畦绿油油的秧苗插好。因此真正的进步是由能退之中养成的。

后退并不是畏缩不前，也不是消极厌世；后退充满着谦逊忍让、积极进取。我们驾驶汽车，碰到红灯，不知道停车，只有人车俱毁。在人生道路上，横冲直撞，不知悬崖勒马，只有殒身毙命。有时候，慢半拍忍让一些；停一步，再想一下，许多不必要的纷争，就化为乌有。所谓"退一步海阔天空，忍三分何等清闲"。

退步的人生更广大、更自在，古德有诗说："有求莫如无求好，进步哪有退步高。"退步的人生宽广洒脱，但是并不是任何事都后退不管。譬如看到正义被摧残，应当挺身而出，维护真理；看到佛教被破坏，不可退避三舍，袖手旁观，即使肝脑涂地，也要舍我其谁，护教卫法。所谓后退的人生，是对个人功名利禄的追求当退则退，而为教为道的维护则当进则进。退步的人生，不是要我们懈怠不勤、退失道心，而是在退让中，培养坚韧的耐力、精进勇猛的忍辱道行。所谓"常乐忍辱柔和法，安住慈悲喜舍中"。

我个人对以退为进的道理，有深刻的体验，因此佛教学院毕业后，许多同学都争着到有名的大寺院为当家住持，我则一个人到农村去弘法办教育。初到台湾的时候，别人忙着到处布教度众，我却到僻远的小寺，拉车扫地，以苦行来激励自己的心志。后来到宜兰弘法，也是因为兰阳地处偏僻角隅，没有出家人驻锡，既然有因缘需要出家人去弘法，于是在 1953 年，我到了民风纯朴的宜兰，开始我走向社会的弘法工作。

随着佛教弘法工作的扩展，觉得有必要扩建一个更大的道场，来推动佛教的事业。有些信徒建议我在人文荟萃的台北建道场，我想台北已经有许多人在弘法，就到荒芜的大树乡斩荆棘，辟草莱，创建佛光山。当时视察土地时，许多人看到满山的荒芜蔓草，坐在车子上，不愿下来巡看，甚至劝我打消建寺的念头。

记得最初我也曾打算将这刚完成院舍的佛教学院，送给中国佛教会，作为办理"中华佛学院"的地方，他们嫌远，没有人愿意接受。由于佛光山远离台北，减除了不少人事上的应酬，而能够全心全力地兴办各种事业。我一生做事，总是做些别人不愿意做、不想要做，而又必须做的事，譬如办幼儿园、办学院，到监狱、军营、电台、学校等地布教，把佛法散播到各个角落，这些事没有人去做，我就当仁不让，当下承担下来。记得老子曾说过："唯其无争，故天下莫能与之争。"无争并非不能争，而是能争而不愿争，无争是宽大包容的心量的呈现，忍辱无争、以退为进的道理，丰富了我的人生内涵，充满信心地接受一切考验。

（二）以无为有

平常人的观念总以为"拥有"才是富裕幸福，有钱财、有名位、有权势、有妻儿，人生才美满无憾。事实上，拥有了田园美眷的同时，也拥有了牵挂、有限；没有的世界更洒脱、无限。譬如无官一身轻，功名富贵、官运亨通虽然称心如意，但是仕途上的波谲云诡，变幻莫测，有时也让人身败名裂、伤神劳心；没有了官位，则可以享受陶渊明"采菊东篱下，悠然见南山"的情趣。社会上的人，拥有了家庭，一天工作结束了，一定要回到自己的家庭安息，不可以投宿别人的住居。而出家人割爱辞亲，没有眷属，没有自己的住屋，但是"出家无家处处家"，不管林下水边、古刹新寺，都可以栖止，何等的自在逍遥。

"一钵千家饭，孤僧万里游。"出家人没有自己的亲人，所有的众生都是他的眷属；出家人没有自己的房舍，山河大地都是他的床盖。因为"无"反而拥有更多。

我们常常为了追求有形的东西，把自己搞得焦头烂额，反被物役；为了锱铢小利，汲汲于道路之上，疲于奔命，而不知道享受"无"的妙趣。太阳是无主的，任何人都可以得到它的温暖；月亮是无主的，任何人都能够受到它的照拂。空调机虽然舒服，但只能装设在特定的地方，并且要付出昂贵的电费；而清凉的和风，不需要付出一分一厘，随时随地让我们享用不尽。我们虽然没有洋房汽车；白云青山任我们遨游；我们虽然没有锦衣玉食，明月清风随我们品味。能够超越有形有相，在"无"上细细咀嚼体味，人生将更扩大、更多姿多彩。

佛光山从荒山旷野变成殿堂巍峨的佛教道场，只有一个秘诀——"无"。佛光山的发展，是由于不拥有、不储蓄，才有今日的规模。有一些出家人赶经忏、做佛事，积蓄钱财，然后放高利贷，碰到骗子，钱被骗走了，一切化为乌有，佛教的净财因此流入不法分子的手中，而没有办法为佛教兴办各种事业。更有甚者为了钱，和世俗人大打官司；为了争住持的席位，互相攻击，搞得乌烟瘴气，破坏佛教的清誉，为世间的人所诟病。

古人说："有子不留金。"万贯的遗产，往往是兄弟阋墙的祸因。有人说："佛光山很会赚钱。"其实不是，佛光山只是很会用钱，知道把钱用在佛教文化、教育、慈善等方面。今年的钱用完了，明年、后年的钱，也使用告罄。数十年来，佛光山不曾积蓄一分一毫，每天都处在山穷水尽的状况之下，虽然如此，奇妙的是，我们依然"日日难过日日过"，因为我们拥有了"无"。

由于佛光山不储钱，本山派下各分别院的住持、当家，没有人抢着要当，各种职务，也没有人争着要做，因此减少了许多无谓的纷争，能够众志成城地建设佛光山，为佛教献出一份力量。我认为个人不需要屯积钱，寺院不需要聚集财物，但是佛教需要净财，佛教有了净财，才能兴办各种文化、教育、慈善的事业，度化更多的众生，佛法的真理，才能更普遍于世界每个角落。个人要能"无"，佛教才能"有"。

（三）以空为乐

人生活着的最大目的是追求快乐，而快乐的来源有很多种。有人以感官的享受来娱乐自己；有人以从事艺术、文字的创作为人生乐事；有人以追求人类性灵的显露、真理的证悟为最大安乐。感官的享乐，来自外在，有质碍性，容易产生副作用；艺术文字的创作，是呕心沥血的感情的流露表现，不过多情反被情伤，不如太上之忘情；证悟的快乐，是有情而不为情役、闲云野鹤的禅悦，是物我两忘般若空的快乐。

空的快乐是广大无边的，宇宙虚空都含容在寸心之中，眼不必看而洞悉一切，耳不必听而彻知一切，这是内证真如的快乐。空的快乐是永恒的，世界上的事相，如幻梦露影，瞬息即逝，而虚空不灭；人世上的恩怨情爱，会离我而去，而虚空不变。若能与虚空契合，则快乐绵长不断。世间的快乐有对立、不究竟，而空的快乐是超越有无、多少、苦乐的究竟常乐。我们口渴了，喝一杯水，如饮甘露，继续喝第二杯、第三杯，有时不但不乐，反而痛苦。世间上的快乐是伴随着痛苦的短暂快乐；空的快乐是随缘不执着的快乐，是解脱不企求的快乐。有了空的快乐，人情的冷暖淡薄，不能动其心；物质的匮乏贫困，不能挫其志；身体的疾疴衰朽，不能伤其情。空的快乐至大至刚、无限富有，拥有了空的证悟之乐，即获得了全宇宙，生命的内涵必能无限地扩大、无限地深厚。

假如我们替别人服务时，心中存着希望对方报答的念头，而对方却没有回报，一定会耿耿于怀，不能释然。我们希望生活上享受罗绮玉食、亭台歌榭的欢乐，当环境不能尽如人意时，种种的烦恼必随之而至。我们企盼得到某人的青睐，而没有办法得到对方的感情，一定会陷入痛苦的渊薮。如果我们能够体认诸法的虚妄，体悟三轮体空的道理，就能从一切的烦恼、痛苦之中超拔出来。《心经》上说："照见五蕴皆空，度一切苦厄。"能空一切假相，就能得到菩提的快乐。

世间的快乐是爱着、执迷、贪求的快乐；空的快乐是无着、无住、无求的快乐。以空为乐的人，施恩于他，不求回报，因此别人不报答，也不会耿耿于心。以空为乐的人，以虚空为住，三衣一钵不少，岩穴涧旁不差，茅茨土阶如琼楼玉宇一样的舒适安然。以空为乐的人，不企盼他人的爱护、关怀，只想将温暖、慈悲布施予人。心中本来无求，因此不曾失去什么，纵有所得，也是多余的幸福。

空的快乐，不是要我们矫情排斥一切，如槁木死灰般地生活，而是依然看花赏月，不为花香所眩，月华所迷。所谓"百花丛里过，片叶不沾身"。以空为乐的生活是"犹如木人看花鸟，何妨万物假围绕"。欣赏一切，净而无染的禅的洒脱生活。

（四）以众为我

人是群众的动物，不能离群索居，一旦离开了社会，我们的生活所需马上发生困难。佛经上也常常告诉我们说："佛法在众生中求。"修道的人，要以众生为我们修行的道场，从和大众的接触之中，培养忍辱行，增长慈悲心。如果和大众能够和睦共处、水乳交融，建立美好的人际关系，当下就是极乐净土，众生就是净土。

世间的许多争乱，最根本的原因是自我中心太强，每个人一味希望大众为我，把自己重要化，凡事只要我快乐，不惜把快乐建立在别人的痛苦之上。学佛的人，要重新以佛法来净化世间，心中存着："你大我小、你乐我苦、你有我无、你好我坏"的念头，退让一步，自然能免去争执，改善人生；凡事以大众的利益为前提，自然能促进社会的和谐。

根据佛陀的教示：万法众缘和合。宇宙是一个整体，我们只是宇宙中的一粒小小沙石，每粒小沙石和谐地融合在一起，宇宙才能成其大。我们要把自己投入大宇宙之中，不可以和宇宙分离开来，宇宙为宇宙，我为我。佛陀常常强调："我乃众生之一。"每一个人都是团体的一分子，离开了团体，就没有个人；好比众缘如果不聚集，诸法则散灭。我们和众生不可分开，和世界不可分割，而愚痴的人，总是人我对立，和社会大众对立，原因是不能了解"一多兼容"的道理。

过去丛林里，举荐住持的时候，端看这个人对大众有没有供养心，而是否有出类拔萃的才华还在其次。因为丛林道场是大众修行办道的地方，一个住持如果悭吝刻薄，不能护持大众安心办道，纵然有过人的才干，也不是适当的住持人才。在禅堂里，悬挂有"大众慧命，在汝一人；汝若不顾，罪归汝身"的警策板。这是警惕维那主持禅堂的仪礼要如法，不可惊动道者平静的心，所谓"宁动千江水，不动道人心"。由此可见，佛教尊重大众，以大众为中心的思想。

佛光山推动人间佛教，所创办的各种事业都是为了因应大众的需要而设立。譬如年幼失怙的孩子，没有人抚养，我们建大慈育幼院，教养菩提的幼苗。为了解决社会上的老人问题，让一生服务于社会的老人们有颐养天年的地方，我们设立了佛光精舍。为了把佛教的真理普遍地传播于社会，我们兴办佛教学院、都市佛学院及各种社教活动，我们编辑各类的书籍、刊物、办报纸、成立广播电台、卫星电视台等。数十年来，我们朝着以众乐为己乐，以他人所需为己需的目标，兢兢业业地献出微薄的力量，我们遵循佛陀的教诲，将自己的需要放诸大众之上，从感激大众之中，去实践佛陀所证悟的"人我无二，自他一如"的真理。

对于我的宗教体验，说来惭愧，60余年的佛教生活，佛教给我非常深大的助益，但是我对人间的贡献，实在渺不足道。如果有些微的作用，也只是沧海中之一粟，而这一切都是三宝的加被，大众所给予我的力量，凭我个人，既没有优异的禀质，也未曾接受完整的教育，是没有办法有所成的。数十年来，我凭着一颗至诚恳切的心以施为舍，以忍辱为力量，在佛教中安住了下来，每天饱餐佛法的醍醐美味，这就是我的宗教体验。

1981 年 7 月 9 日讲于台北佛学研讨会

谈迷说悟

在迷境里面，我们的妄心、妄识交相争夺；
在悟的境界里，能知道自己的真心安止何处，无着亦无系。
所以迷悟之别，就是凡夫与圣者的分界线。

什么叫作"迷"？我们常常说："众生痴迷"，所谓的"迷"，就像闭着眼睛一样；一层眼皮遮蔽了一切，使我们看不到外面的真实世界，以及美丽的山川花木，而终日生活在黑暗、茫然之中。一旦张开眼睛，看到光明的世界；看到山河这样美丽，日月如此争辉，万事万物都那么祥和，才知道以前那个黑暗、茫然的世界只是一种假相，这就是"悟"。

怎样才能睁开心中的眼睛，看清一切真实的世相、法相呢？

一、世间迷信知多少？

世间有四种信仰：一是邪信，二是不信，三是迷信，还有就是正信。

邪信容易走火入魔，非常危险。第二种人是什么都不信，这比邪信要好一点；迷信的人可能什么都信，有时候，这也比什么信仰都没有来得好。最理想的，当然是正信，有正确、正当的信仰，可以指引我们臻于道德圆满至善的境界。但是，正信也必须具备正信的条件，才能算是真正的信仰。正信的条件有三点：

1. 信实：所信仰的对象是实实在在存有的。比方说，我们信仰的佛教，教主释迦牟尼佛是历史上真正存在的人，他有出生的地点、有生养的父母、有历史的佐证，是个实实在在的大觉者，不同于一般的神教以天神鬼魂为崇拜对象，无法考证。

2. 信德：所信仰的对象具有清净崇高的道德。若我们所信仰的对象，本身仍有贪、瞋、痴，烦恼尚未断尽，生死尚未解脱，这样的神祇，其自性都不清净，如何能引度众生呢？所以，信德是正信与否的最重要考验。

3. 信能：所信仰的对象确实具有伟大的能力，能够引度众生明心见性、解迷开悟，这种伟大的能力必须包括慈悲心、智慧心，及广大神通，才可能成为我们生命的依靠，让我们脱出三涂苦，不受五阴迷惑。

如果我们所信仰的对象不具备以上三个条件，这种信仰就容易变成邪信或迷信，徒然造成自我束缚、自欺欺人了。与正信比较起来，邪信与迷信像一条绳索，束缚我们开朗的人生，带给我们很多无意义、无价值的苦恼，使我们的人生不能获致究竟解脱，不能求得光明的世界。最严重的，迷信更像一副枷锁，把自由自在的世界都锁住了，把清净如满月的人格都埋藏了。

一般民间迷信的种类、对象很多，比如：

1. 迷信自然现象：以为打雷有雷神、闪电是电神、刮风靠风神、下雨的是雨神……把一切不了解的天气现象，都归之于神祇的控制，人们变成了任由气象宰割的渺小魂魄。现在的科学，进步到改变大气结构的地步，可以制造雨、改变风向，那么大气科学工程师，是不是也可以自封为风神、雨神了呢？可见信仰自然现象，实在是一种愚昧虚妄的迷信。

2. 信仰动物：譬如诸蛇由蛇神御领，牛有牛神管辖，龟有龟神，连猴子都有猢仙……到了现代，很多以前被人们热烈膜拜的动物，都已逐渐濒临绝种，或者需要人类划定特殊的动物保护区，来维持它们的生存繁殖，那么，负责这件工作的生态保护人员，岂不是神中之神？所以，信仰动物的时代已经过去，这种迷信也将不攻自破。

3. 信仰植物：花有花神，草有草神；一棵树长得特别大，叫它大树公；一座山特别高，也以为有山神呵护。那么，风吹草木折，就是风神和花神、大树公打架，风神占了上风？建筑公司的挖掘机挖掉了半座山，就是机器怪手大战山神，山神铩羽？这种迷信实在可以休矣。

4. 信仰仙鬼：如千岁、王爷、娘娘等等。

5. 信仰民间英雄：如关羽、岳飞、郑成功等。

一般人信仰仙鬼、英雄，是把他们当作宗教神祇来膜拜，最主要的心态，是自己遭遇到困难不能解决，希望借着另一种伟大的力量来化厄解困，等到困难解决了，没有利用价值了，就把信仰的对象暂时搁到一边去。这样的信仰，不是正信，而是迷信。

台湾的民间神明信仰，可说是众神济济，五花八门，不但人物众多，而且各有所司所职，就像现实世界的政界一样，什么名堂都有。

人，在现实的生活上，需要司职的官员们给我们协助，而当现实世界的官员们无法给人们妥善的帮助时，就各依所需产生了众多的神明，依靠其脱困，信仰其求安心。当然，有信仰比没有信仰好，但是与其苦求不可知、不可测的神明来作寄托，落得不上不下，空虚幻渺，何不把精神和力量用在改善社会状况、促进官员与民众的沟通上，使现实的困难获得解决，提高社会的生活水平，使每一个人不至于遭到同样的困境，这样不是更好吗？

另外，一般的迷信里充满许多禁忌，实在不必要。比方有人认为送雨伞代表"离散"，送手帕是即将遇到伤心事的预兆；吃梨子不可以切开来吃，否则会"分离"；做什么事情都必须先择日期、看黄历。盖房子，须先请风水先生来看风水，择一个吉日吉时才能破土。

都市里，许多大大小小的高楼大厦、商店街，难道都有一定的尺寸、方向吗？那些店家没有找风水先生看地理，生意还不是很热闹、很兴隆？可见事在人为，不靠迷信。

像看八字择吉日来论婚嫁，是不是一辈子都不会争吵、离婚？依着吉时剖腹生产的孩子，将来是不是都会成为圣贤？其实，夫妻相处之道在婚后的相敬如宾、互相体谅，而不在于结婚的时辰好坏；养育儿女之道，也是依靠父母细心地照顾、谨慎地教育，而不在于八字吉凶。一个按照帝王时辰剖腹生出来的小孩，如果不妥善照顾他、教育他，他不但不是帝王，还可能成为社会的害群之马。所以，佛教认为：日日是好日，处处是好地；只要你心诚意正，走遍天下，都是良辰吉时、地利人和的。

另外一种迷信是对数字的迷信。有个出租车司机在街上准备载客人，车子一停下来，客人却不要上车了，司机问他为什么，他说："你这辆车子的号码不好，'4848'，念起来像'死吧死吧'！"司机大怒："你胡说！我的车号最好，有很多人要买我这部车我都不卖！我这个'4848'用闽南语念'是发是发'，是赌钱的时候通通赢的意思，怎么不好？"

一样的数字往往有互相歧异的解释，所以，数字本身只是符号，并没有什么意义，只是各人的想法不同而已。如果我们据以胡乱推衍，迷信它这个不好那也不好，就是自己迷乱自己，作茧自缚了。

现在不仅民间迷信各种无稽的传闻，连西洋的迷信也流行起来，比如说 13 是不吉利的，黑色的星期五等。4 与 9 这两个数字也不受人欢迎，一般的旅馆、医院都没有四楼。其实这个"4"是事事如意，9，也不是死的意思，是久久平安、九品莲花的象征。

佛教里有一个故事：有个老太太跟一个不识字的人学念咒语，把"唵嘛呢叭弥吽"念成"唵嘛呢叭弥牛"。她每天念一升豆子的数目，念了几年之后，功效就来了，她每念一句，豆子不必用手拨，就会自动跳过去，可以说到了出神入化的地步。有一天一个法师云游到此，恰巧天色晚了，就在老太太家借宿一宵，夜晚听到老人家在做晚课，问她："你在念什么呀？"老太太念"唵嘛呢叭弥牛"给他听，法师一听，说："老太太，您念错了！是'唵嘛呢叭弥吽'不是'唵嘛呢叭弥牛'！"

老太太知道自己念错了，赶快改正过来念"唵嘛呢叭弥吽"，可是多年来念习惯了，一旦改口，起了分别心，反而佶屈聱牙，无论怎么念都不顺口，且豆子再也不跳了。

这就是俗话说的"精诚所至，金石为开"，一旦集中意念，没有分别臆度的念头，就会达到心与物交融合一的境界。在台湾省一些民间信仰里面，如卜卦、吃符水、跳乩等，有时候会出现一些不可思议的功效，其实也是凭借这种至诚的意志力量。但是我们应该把至诚的意念放在正信上面，才是永久恒常的信仰，迷信只能治一时，不能累世，只能短期治标，不能成为我们治本还元的依归。

其实，迷信的心态不止在宗教里才有，社会上有无数的人更是迷信万端。比方有的人喜欢歌舞，迷信歌舞是人生唯一的快乐；喜欢赌博、游荡的，迷信纵情逞暴可以解决人生一切苦恼。

此外，还有很多迷信的事端，像迷恋打球，把打球当成人生要务的球迷；喜欢看电影，坐在银幕下才能安定身心的影迷；迷信金钱万能，没有钱就活不下去的钱迷；以爱情为依归，以为有了爱情就拥有一切的情迷……还有迷信战争、迷信权力……真是不胜枚举，比宗教里的种种迷信复杂多了。

每一种迷信如同佛经中所说："积聚终消散，崇高必堕落；合会终当离，有生无不死。"都是虚妄不实、短暂无常的，像沙上的城堡，如空中的楼阁，既经不起时间的考验，也耐不住人事的变迁，是完全不堪一击，随时会崩坍溃散的。因此，没有信仰固然不好，迷信也不完美，建立正确的信仰，人生才能圆满究竟。

二、宇宙真理有几何？

要破除迷信才能正信真理。说到真理，每个宗教都说自己是真理，人言言殊，各树壁垒，究竟哪一家才是真理呢？

真理必须具备以下三个条件：

1. 普遍如此：真理必须具有普遍性，不能因为少数人能够言之凿凿，便自以为是真理。比方佛教讲"诸行无常"，认为一切人为的功利都如同梦幻泡影，终会毁坏而归于幻灭。我们翻开一部人类进化史，可知有生就有灭，有成、住就有坏、空，千百年来各朝各代的文明均无所幸免，没有一样能原原本本流传不变的，可知"诸行无常"合乎普遍的特性，是确定不疑的真理。

2. 必然如此：佛教讲"生死炽然"，有生必有死，是不是放诸四海而皆准呢？古人有生死，今人亦有生死；中国人如此，外国人也如此，男人如此，女人也如此；一切有生命的物体最终的归宿都同为坟冢，可知生死是亘古不变的真理。

3. 本然如此：生死的本然特性，可以从生者惧怕死亡的现象上去理解，可见生与死是与生俱来的本然真理，任何时间、空间的人类、生物，都没有办法逃避这个问题，这就是真理。

我们用这三个条件，可以证悟出有生有死的生死流转，确实是我们人生的真理，我们应该正确地信仰这个真理，把贪生怕死、畏惧疑惑等心态都去除掉，重新建立我们对生命的希望，把握生命做更有意义的事业。

其实，佛教的真理，可说是充盈宇宙、布满人心。佛教里有四个关于处世为人的真理：

（一）广结善缘

释迦牟尼佛在菩提树下金刚座上成就正等正觉，他究竟觉悟了什么？就是觉悟我们宇宙人生最根本的真理："诸法因缘生，诸法因缘灭。"

这个缘起论，即是佛教的真理。"有缘千里来相会，无缘对面不相识"，在我们的生活上，到处可以印证缘起缘灭的真理。凡事由众缘和合而成，由因缘散失而灭。有了因缘，事事顺遂；因缘不合，处处失利。好比一部机器，里面少了一颗螺丝钉，无论如何努力修护，总是无法启动一样。所以，希望生活幸福，事业有成就，最重要的是与人相处要和谐，处处广结善缘，才能自求多福，美事天成。这就是所谓"业因缘在，业因缘绝；因明因显，缘起缘灭"了。

如何广结善缘呢？

1. 在时间中结缘：比如我现在点头向你微笑，这是结"现在缘"；几天之后，你看到我，你也向我含笑招呼，这又进一步结"他日缘"了。说不定从这一个微笑开始，我跟你有了更深刻的认识和了解，结下了生生世世的"未来缘"。所以我们在时间中结缘，不仅要结现在之缘，也要结他日之缘、未来之缘；能够缘缘不绝，善事自成。

2. 在空间处结缘：我们不仅要结"此方缘"，还要结"远方缘"、"十方缘"。其实，现在所结的"此方缘"，也有可能成为他日"远方缘"的因，而更一步成就了未来"十方缘"的果。所以，时间空间是相续不断、生生不息的，不要看轻任何一个小空间、任何一个微少时间内所做的善事，因为这一粒种子，很可能就是将来茁壮成长的一棵大树。

3. 在人间里结缘：除了结"人缘"外，还要与众生结下"生缘"。结了"人缘"、"生缘"还不够，需更进一步结"佛缘"，以和佛结的千年万世法缘，来作为我们生生世世的皈依。

4. 在因缘上结缘：这种缘有三种："亲因缘"、"改善缘"、"无缘缘"。"亲因缘"是在已有的因缘上再结因缘;"改善缘"是将彼此的关系作调理、改善的努力,使这个缘更美好、更长久。一般的婆媳、妯娌之间,都是有缘才成为一家人,如果能改善原来不好的嫌隙,这个缘就会和善,家庭也更幸福。另外,我们还要结"无缘缘",跟我们有关系、互相认识的人,固然需结无上善缘,即使是跟我们毫无关系、形同陌路的人,也要主动友善地和他们结欢喜缘。譬如你在路上看到一个人滑倒了,立刻扶他一把,跟他点头微笑,他也向你道谢微笑;由于你的广结善缘,你们这两个原本无缘的人就成为有缘人了。

至于用什么方式来结缘呢?

1. 资具结缘:譬如以财物、汤药、日用品等捐赠给他人。我们常常把钱捐给孤儿院,把日常用品捐给灾区,这便是以物资和他人结缘,是一种财布施。

2. 身心结缘:用眼、耳、鼻、口、身、意来和人结缘。我用眼睛向你行注目礼,是眼结缘;用耳朵静静听你讲话,是耳结缘;用嘴巴赞美你,是口结缘;在心里欢喜你、关心你,是心结缘,人与人是连在心里都可以与之结缘的。

3. 利行结缘:我们给人方便、利益、好处,做对他人有益的事,这是利行结缘。往往给人方便,就是给自己方便,给自己结下了未来的利行缘,此即是佛法"他受用即是自受用",自他不二的甚深妙义。

4. 佛法结缘:用真理、知识、技术、佛法与人结欢喜缘。我个人从小在佛门受人恩惠,也受十方大众的呵护,受国家、师长的教导,我之有今天,完全是社会大众的成就。我无以为报,只能用佛法与大家结缘，所以从 1949 年来台湾之后，台湾的每一个角落，乃至世界各地，我都尽可能去讲演佛法。这个缘愈结愈大愈广，听讲的人越来越多，这些听讲的人，又把所听的内容向没有听过的人传讲。于是，我以佛法向大家结缘，大家又用佛法向更多的人结缘，佛法就遍满虚空，使十方大众都能沾被法益了。

（二）自作自受

"自作自受"的意思是：自己的行为后果完全由自己来承担，这是千古不变的道理。人在世间的幸福与否，都随业力而定，业有善业、恶业之分。我们生活里许多的困厄、不如意，都是自作自受的因果报应，不是由外在的神权来惩罚的。

（三）好心好报

"好心好报"就是善业，所谓"善有善报"，你做了好事种下善业，幸福的果实当然由你来享，别人是无法干预的。这种因果报应的真理也是全凭自己作主，不是神祇所能操纵左右的。

（四）空有不二

"空有不二"是真理，因为"空即是色，色即是空"，真空可以生万有，万有复归于虚空。能够了悟空、有之间的妙谛，在生活上切实地付诸实行，许多的计较、争夺、猜忌都可以消失，而达到物我合一、人我两忘的逍遥境界。佛教里有一则故事：

从前有一个小偷想偷禅师的东西，趁着三更半夜禅师在睡觉时，偷偷溜到禅师的房间里，找了老半天，找不到什么值钱的东西可偷。小偷很失望，正要离开时，一直躺在床上闷不吭声的老禅师说话了："喂！顺便替我把那个门关好啊！"

小偷吓了一跳，乖乖回头替他关好门，却忍不住抱怨说："这种门有什么好关的？反正又没有东西好偷。"

禅师莞尔一笑："是你偷不去，不是我没有。我的东西遍布虚空、充塞宇宙，你有何德何能偷去？"

禅师已证悟真空妙有的道理，所以宇宙万物都是他的身家资财，小偷还是执迷于世间法，以有形的物质为取舍，自然徒劳无获了。

广结善缘的真理，可以引导我们臻于世界大同的和平境地；自作自受的律则，可以约束我们贪取为恶的意念；好心好报的因果，鼓励大家勇于为善；空有不二的妙理，则开启我们无限的丰富生活。这四个真理好比四条路，每一条都可以让我们转迷成悟，证得无上正等正觉，是在家、出家修行的大道和妙谛。

三、迷悟之间差几许？

迷者自迷，悟者自悟，迷悟之间究竟相差有多少呢？

《金刚经》说："佛说般若波罗蜜，即非般若波罗蜜，是名般若波罗蜜。"古德禅师也说："是佛法的不是佛法，不是佛法的即是佛法。"乍看之下，好像非常矛盾，其实"是佛法"、"不是佛法"，只在迷悟之间。一念转迷，本来是清净的佛法，也变成了污染的世间法；一念觉悟，有漏的世间法都变成了无漏的佛法，所谓"心迷世间转，心悟转世间"，就是这个意思。而"迷"、"悟"之别虽仅在一念顿超，却是心地上的功夫，绝不是口舌上的逞能。

有个年轻人正在澄心静虑打坐的时候，正好一位老禅师走过来，年轻人没有起身相迎，禅师问他：“你看到我来，怎么不理我呢？这么没礼貌！”

年轻人学觉悟者的口气说：“我坐着迎接你，就是站着迎接你。”

老禅师一听，立刻上前“啪啪”给他两个耳光。年轻人挨了打，捂着脸抗议：“你为什么打我呀？”

老禅师双掌一合，若无其事地说：“我打你，就是没打你。”

如果还没有达到开悟的境界，而强要捡拾开悟者的皮毛，那是画虎不成反类犬的；迷悟之间的差别由此可见一斑了。

美国夏威夷有一位军人因为参战而殉难，他的遗族请来一位老禅师为他主持告别式。这时候，一般的佛教仪式都会说一些佛法，如“一切有为法，如梦幻泡影”，或者是“诸法因缘生，诸法因缘灭”等等。老禅师一想，这些都太老套了，我今天用更有意义的方式来为他告别，也让这些外国人亲炙佛法。他想：这个军人是为了国家战死在沙场上，那么就用最能象征战争的枪声来为他说法。所以禅师开示到最后，就以“乓！乓！乓！”的枪声作结束。在座的人听到这枪声，想到这位朋友是为了护卫国家的安全，才奋不顾身地死于枪口之下，一时大家都闻声痛哭流泪。在场另有一位和尚，看到这三声效果这么好，就依样学了下来，在为另外一位军人举行兵葬仪式时，他也在说法后对空中“乓！乓！乓！”叫了三声，参加仪式的人因为不了解他的用意，结果都哈哈哈大笑起来，成为一场滑稽的告别式。这个和尚没有老禅师的慈悲心和证悟力，同样的枪声由不同的人发出，一个能感动人，一个不能感动人，迷悟之间的不同，真是"差之毫厘，谬之千里"了。

迷者，即是众生；悟者，即是佛。在迷境里面，我们的妄心、妄识交相争夺；在悟的境界里，能知道自己的真心安止何处，无着亦无系。所以迷悟之别，就是凡夫与圣者的分界线。

在我们的社会里，凡有破坏性的是迷；凡有建设性的就是悟。

有人用造谣生非来破坏社会的和谐；有人专门从事不法勾当，破坏国家的安全；有的用写文章来揭人阴私、损人名誉……这些都是仍在迷境妄识里的现象，所作所为、所言所语都具有破坏性，威胁到社会国家的和平安全。例如，一些重大的经济犯，他们在国内亏损了许多人的辛苦钱，自己潜逃到国外一了百了，罔视他人的痛苦，就是损人利己的执迷不悟。这种自心迷昧而不知醒悟的人，是不能了知佛法的，按照佛教的真理，他们必然会受到因果报应的制裁。

《百喻经》中有一则譬喻故事说：从前有一个人应邀去朋友家赴宴，受到主人的殷勤接待。吃到其中一盘菜时，跟主人说："这盘菜太淡了，没有味道，不好吃！"

主人听了，立刻道歉说："太淡了吗？请您稍等，再加一点盐就好了。"

于是主人拿了一把盐来搅和，问："您再尝尝看，这回不淡了吧？"

那个人吃了一口，不觉拍掌而笑地称赞起来："好吃多了，好吃多了，加了一把盐以后，这菜的味道果然大大不同了，真是不可思议！"

他把这件事铭记在心里：原来菜的味道好，是从盐中得来的。

238

回到家，就抓一把盐往嘴里吞；当然，是苦涩不堪了！

佛法讲求觉悟的道理，如同盐一般，应用得好、用得妥当，人生的滋味无穷；如果矫枉过正，求悟反迷，那么就如同笨人吃盐一样，贪求无益不说，到最后还可能伤到自己，不能觉照万千妙谛。

另外有一种人，他处处为你、为我、为他、为大众谋求幸福，为人公正，肯自我牺牲，这种人哪怕他的能力有限，只能做很小的事，他仍然是一个有证有悟的人，是我们社会最需要的智慧者。因此，愚痴、执着、自私的人是迷者；智慧、牺牲、公正的人是悟者。迷与悟之间的差别，只在"一念之间"，一念之间可能即是四万八千里的距离，也就是"拟心即差，动念即乖；有人解者，即在目前"。

四、转迷成悟有几人？

我们如果只知愚昧、自私地执着于人生的一切假象，是永远不能解脱超生的。

五通梵志是佛陀的弟子，有一天，他在深山悬崖边行走时，不小心脚下滑了一步，从悬崖边垂直坠落下去。当他失魂落魄跌下的一瞬间，随手抓住一棵小树的枝干，竟然绝处逢生，整个人不再坠落而悬挂在半空中摇晃不定，非常危险。梵志眼看头上的树干快要支撑不住他的体重了，心里十分恐慌，大喊着："救命啊！救命啊！"

恰巧佛陀路过此地，听到他的求救声，就赶来救他。佛陀说："我实在很想救你，可是你恐怕不会照我的话去做。"

梵志指天誓地地说："佛陀，我快要掉下去了，求您赶快救我，您说什么我一定听！"

佛陀说:"好,你把手放开。"

梵志一听,低头看看万丈深渊的悬崖绝壁,心都吓飞了,非常害怕地说:"我好不容易才抓到这一根枝干,您怎么反而要我放开?我一放手,就会掉下去活活摔死啊!我怎么能放手呢?"

佛陀摇摇头说:"梵志,放下!"

梵志仍然死命地抓着不放。

这则故事是说众生执着痴迷,既不肯放下贪、瞋、痴,又要求得解脱,终究还是永远困在迷境妄识里面,不能证悟得道。古德说:"坐破蒲团不用功,何时及第悟心空?真是一番齐着力,桃花三月看飞红。"千百年来,人间真正能转迷成悟的又有几人呢?

有道是:"但能识得娘生面,草木丛林尽放光",古来的禅师大德,一旦转迷成悟,不仅双手尽离贪、瞋、痴诸烦恼的枝干荆棘,而提升至一片光明欢喜的悟者境界,就连无情的草木林石,都沐浴着他的法喜而欣欣向荣。古往今来许多转迷成悟的禅师事迹太多了,他们都是在这个惺惺不昧的向上一念中解脱,寻到本来面目的。

药山禅师悟道之后,看万事万物都是"荣也好,枯也好",虽荣犹枯,虽枯犹荣,何等自由逍遥。

灵佑禅师自称要投生做老牸牛,超越了物我之分,是"天地与我并生,万物与我合一"的境界。

临济禅师栽松,要为后人做榜样,更是把他悟得的古道热肠分与众生共享。

古贤大德的契悟,给现在的人留下了很好的榜样。在我们的社会中,也有一些悟得大智慧的人,把他们的精神、力量都投注在全民的福祉上，这就是现代的悟者。

除了有慧根的人能够转迷成悟以外，就是十恶不赦的人，若能及时回头，痛改前非，他仍然可以算是一个悟者，能够获得宁静、安详地解脱。

有一个无恶不作的坏人，有一天他被警察抓到了，却怙恶不悛，不知悔改，一失手把警察也打死了；逃亡了五六年，在别的地方又犯下案子被逮捕起来。大家一看，他就是五六年前在某地杀死警察的人，于是把他押回原地去法办。当他下火车的时候，当地的老百姓听说犯人捉到了，都跑到火车站，等他一下车，大家就愤怒地丢石头，要打死他。押他的警察叫大家冷静下来，把他押到一位手抱小孩的妇人面前，对那个五六岁的小孩子说："孩子，他就是杀死你父亲的人，他害你一生出就没有爸爸！你要不要打死他？"

小孩子没有讲话，只张着眼睛看那个坏人，眼泪一直流个不停。这个犯人本来是个穷凶极恶的人，此时看到这一对母女流着无辜的眼泪默默望过来，心里不觉万分惭愧，朝地上一跪，痛苦地说："我是世间上的罪人，请您原谅我，我情愿被枪毙，以死来谢罪，请您原谅我！"

这时原来想打死他的老百姓看到他这样真心忏悔，不但不打他了，还跟着他哭起来。

所以，一念之差执迷，害人害己；一念之间觉悟，大家接受他、同情他，就算他最后仍要接受法律的制裁，他的心境也是平坦、无憾的；大家对他原先再怎样的鄙视痛恨，此时也是赞赏、感动的。在慈悲包容之前，不论如何顽迷凶恶的人，也会幡然醒悟的。

悟，不分男女老幼，不分愚智贵贱，人人都可以转迷成悟。那么悟后的境界，又是什么风光呢？无门和尚有一首诗偈说明：

　　春有百花秋有月，夏有凉风冬有雪；

　　若无闲事挂心头，便是人间好时节。

如果我们心中能不住一法，不着万有，不为纷扰杂染的世相所迷惑，便能享受光风霁月的悟境之乐；正所谓"参禅何须山水地，灭却心头火自凉"。

1983 年 11 月 15 日讲于彰化县政府大礼堂